# 京都観光

——40人の提言

三好克之
Miyoshi katsuyuki

白川書院

目次

# 第一章

# イケズな京都人は絶滅危惧種

# イケズな京都人は絶滅危惧種

## 宗教記者の司馬遼太郎氏

浄土真宗本願寺派の本山・西本願寺（京都市下京区）内の記者室に、古い長椅子が今も大切に保管されている。お寺の職員に聞くと「これは、かつて記者室で仕事をしていた司馬遼太郎先生がよくお休みになっていたソファです」との説明だった。

確かに司馬氏は一九四七年から一九五〇年まで京都の宗教記者会に所属して、社寺の取材に当たっていた。後に司馬氏は宗教記者時代について「私など越し方を振り返っても何ほどのこともないが、昭和二十二年から六年間、京都で宗教を担当した思い出ばかり、雲間から陽ざしの落ちる美しい盆地を振り返っているような印象がある」と小冊子の中で述べている。

筆者は司馬氏が宗教記者会にいた約三十年後に宗教記者になったが、取材対象のお寺には司馬氏を直接に知る住職らが健在だった。ある老師は「よく来ては本堂の隅で昼寝をしていましたな」と語り、別の住職は「お寺にある古文書をよく読んでいましたよ」と振り返る。いろんな「司馬伝説」を聞かされた。「司馬さんに比べれば、昨今の記者諸君は小さい、小さい」とのお叱りも受けた。天下の大作家と比べられては、当方も立つ瀬がない。いずれにしろ、司馬氏は宗教記者の時に得た知識や経験を後の作品に生かしたことは間違いないだろう。

## 京都は日本の中の外国だ

司馬氏の短い随筆に『「京都国」としての京都』（古往今来）がある。この中で、京都人の文化的感覚について「それは京都市では決してなく、日本の一般的文化感覚から独立した京都国だと思っているのではないか」と解説する。「日本国というのがある。別個に、世界にむかって京都国というのがある。知識人から庶民にいたるまで、なんとなくそう思っていると考えた方が、理解しやすい」という。司馬氏は大阪出身で、何十年と京都で仕事をしているが、京都はなかなか理解しがたい難物だったようだ。

さらに「千年の伝統を持つ根づよい都市感覚―文化秩序の感覚―が京都にあり、それが自然の防塁になって中央から分配されるものに自主的な選択機能を働かせたり、ときには拒否したりしてきたという意味でも、日本の他の都市とまったくちがっている」と京都国論を展開する。具体的な都市のイメージとしては「堺において多少ともその萌芽をみせた都市国家の気分」を挙げる。しかも、この気分は「いまの日本では京都だけに存在する」と考え、「京都国のイメージ」を描いてみせた。

京都人の美意識について、ある女主人が家の軒下にごみ箱を置かない理由に「町が見ぐるしゅうなりますがな」と答えたことに司馬氏は驚いた。ここから「自分や自分の家が、街の美的秩序や倫理的秩序に積極的に参加しているという意識は真に都会的なもの」とみて、この秩序感覚を持つことから「いまの日本で都市と言いうるのは京都だけではないだろうか」と結論づけている。

一方、江戸時代の京都の経済力を考えれば、全国に末寺約二万カ寺を有する東西両本願寺の予算は明治二十年代まで京都市より大きかった、と司馬氏は指摘する。全国に商業的威力を示す室町の呉服問屋も大きな経済力を持っていた。それなら、経済的にも京都は「独立国」だったといえるかもしれない。

もし京都が「京都国」とすれば、当然、使用言語は「京都語」であり、他都市の人びとが「分かりにくい」というのも当たり前だ。時には「京都語」から「日本語」への通訳が必要になる。日本の中の外国だから文化的価値観や商業道徳、生活様式などが東京や他の地方と違うのも当然だと、京都人は思っているのだろう。これが、他都市の人びとから「京都人は口と腹が違う」といわれる理由だろう。

## 京都人との交際はややこしい

筆者がかつて大阪で約一年、仕事をした時は、主に経済人を対象に取材をした。初対面のあいさつで名刺を出すなり、先方からは「京都の人ですか。京都は商売がやりにくいところですな」といわれた。大阪では千人を超える人と名刺交換したが、相手の九割以上から同様の感想をもらされた。東京に本社を置く上場企業の京都支店長たちが京都に赴任してきた当初には「京都は人間関係をつくるのが大変と聞いてきました。スムーズに仕事ができる方法がありますか」と聞かれることも多かった。どうも、京都は他都市からみれば、よほど複雑怪奇な都市にみえるようだ。一体どうして、こんな悪評が生まれたのだろう。

誤解の原因は、先に述べた「京都語」の理解が難しいことにあるのではないか。市役所の廊下で出会うたびに「近々、一緒に食事でもどうですか」という市会議員がいた。このお誘いは「こんにちは」と同じ意味であり、何も本当に食事に招待したいというのではない。その証拠に「いつのことですか」と食事の日時を尋ねると、相手の先生はことばに詰まって無言で立ち去った。

ある時、西陣の女主人から「うちの町家は立派なものだから、ぜひ見てほしい」といわれた。同じ依頼を三回も繰り返されたので、出掛けたところ「何の御用ですか」とけんもほろろの扱いだった。市会議員や女主人のことばは、いわゆる「お愛想」のリップサービスで、まだまだ「京都語」の勉強が足りないと反省した次第である。

「京都語」の難解さについては、京都の寺で修行したことがある作家の倉部きよたか氏が「京言葉はやわらかく優しく、ぼかしのことばのようにも聞こえるが、じつは、恐ーい殺しのことばだったりする」（『京都人は日本一薄情か』）と慨嘆している。

長居したお客に帰ってほしい時に「お茶漬けでも、どうですか」と勧める「京のお茶漬け（ぶぶ漬け）」は、あくまで落語の中の話であり、都市伝説に過ぎない。「京都で先の大戦といえば応仁の乱」というのも同様に都市伝説だ。いまだに、誤った言説をふりまく輩《やから》がいるのは困ったことである。

記者の立場からいえば、京都人に取材する際は面倒な手続きが多い。ある老舗の主人にインタビューをする時は、本人だけでなく所属する組合の代表や長老の許可が必要だった。あるテーマで複数の対象を取材する場合などは、その人選が難航する。長い歴史のある老舗ほど序列意識が強いので、組み合わせが難しい。「あの店が紹介されるなら当方はお断り」というケースがよくある。この点では、京都人への取材は煩雑な手続きに疲れ果てることがある。

## イケズが京都悪印象の元凶

京都人に対する悪口の原因をたどると「京都人イケズ論」にたどりつく。ここでイケズとは意地悪の意味だが、京都人に関して使われる際は非難の響きが強いようだ。高等技術のイケズは落語の「考え落ち」のようなもので、いわれた時は分からないが、後でよく考えると意地悪をされていたと気付くような場合である。京都のイケズは狭い閉鎖社会の中で生まれた産物といえるだろう。

最近は、京都観光ブームを背景に「京都人イケズ論」を説明する書が多く出版されるようになってきた。ところが、イケズを面白おかしく取り上げるだけでは、京都人は大迷惑する。

なるほど、意地悪な京都人がいることは確かであり、筆者もよく悩まされた。しかし、京都人の多くは義理人情に厚く、心優しい京都人がいることも事実である。ことさら、京都人のすべてがイケズというのは、意図的なレッテル貼りといわざるを得ない。

ところが、京都人の実態をよく見れば、時代の流れの中でイケズの姿が変わりつつあるようだ。現在、伝統的なイケズが通用するのは、地域では西陣、室町、祇園や老舗の多い中京区、下京区の一部だろう。年齢は六十代以上に限られる。若い世代なら年配者からイケズや嫌味をいわれたとしても、その意味がわからず、あっけらかんとするだけだ。もはや「京都語」が理解されなくなっている。嫁しゅうとめ関係でも、昨今は嫁の方が強い場合もあるようだ。昔のようにしゅうとめに泣かされたという嫁ばかりではない。

このような現実を無視して、東京の雑誌ジャーナリズムが相変わらず「京都人イケズ論」を吹聴するのは、ある意味で京都をばかにしている表れではないか。

今ではイケズな京都人は絶滅寸前であり、一部地域に残党がみられるだけだ。その点では、ユニークな存在として観光資源になるかもしれない。西陣あたりを散策してみれば、イケズな老女に出会えるかもしれない。

インフォメーション

# 観光白書を読む

観光庁が毎年、発表している「観光白書」は、世界と日本の観光問題の現状を知るうえで便利な一冊である。観光関係者には必読書だが、市民が読んでもなかなか面白い。

二〇一六年五月に公表された平成二十八年版をみると、訪日外国人（インバウンド）の受け入れ問題が課題となっており、今後の施策が提示されている。

近年、世界の観光客は順調に伸び、二〇一五年は十一億八千四百万人を記録した。特にアジアの伸びが著しい。日本への外国人観光客は二〇一五年、約千九百万人と対前年比五割増の爆発的な伸びをみせた。それだけに、今後の対応が重要になるわけだ。しかし、外国人旅行者の受け入れ数を世界レベルでみれば、日本は二十二位（二〇一四年）にすぎない。国際観光では、まだ開発途上国だ。

今後どうすればよいのか。さあ、「京都観光を考えるツアー」に出発しよう。

コラム

# 『新・観光立国論』の衝撃

日本の本格的な観光振興は、二〇〇三年に小泉純一郎首相（当時）が観光立国宣言をしたことで始まった。これ以降、観光立国推進基本法の成立（二〇〇六年）や観光庁設置（二〇〇八年）で、観光立国を目指してきた。これまで訪日外国人は順調に増え、二〇一五年には約千九百万人と過去最高を記録した。

ところが、デービッド・アトキンソン氏は、まだ日本は「観光後進国」であり、観光客が増加する余地があるという。文化財の保存修理をする老舗・小西美術工芸社の社長で、文化財保護の立場からの発言である。二〇一五年に発表した『新・観光立国論』では、ユニークな観光論を展開し、観光関係者に衝撃を与えている。その指摘を紹介すると——。

観光立国の条件には「気候、自然、文化、食事」を挙げるが、現状は「宝の持ち腐れ」になっていると嘆く。日本の観光業者が観光大国の条件に「治安やマナー、サービスのよさ」を掲げる見方には反対して、いずれも的外れというのだ。日本人が強調する「おもてなし」では、到底、遠来の外国人を引き寄せることはできない。逆に、日本のホテル、旅館が日本のやり方やサービスを押し付けることが問題という。レストランで一部の食材を変えてほしいなどと頼んでも、「できません」の答えばかり。だから、海外からは、日本が「融通のきかない国」と見られている。

観光大国になるためには観光客数でなく、観光収入を第一に考える必要があり、富裕層と長期滞在者を増やすことが大切という。しかし、世界でよくある一泊四百万円から九百万円レベルの高級ホテルが日本にはない。これでは富裕層は日本にやってこない。大金を使う欧州やオーストラリアの「上客」をつかまえる努力をもっとすべきと、アトキンソン氏は提案している。

耳の痛いところもあるが、大胆な分析は傾聴すべき意見だろう。

# 第二章

# 美を求めて

# 京都では着物をアピールする仕掛けの努力が足りないのでは

服飾評論家
市田ひろみさん

――まず、着物の魅力を教えてください。

洞爺湖サミット（二〇〇八年）で、各国首脳夫人に十二単《ひとえ》の着付けを披露して喜ばれました。千年も変わらないロイヤルコスチュームを持っているのは日本だけです。人生の節目節目には、着物を着る習慣があります。お宮参り、七五三、十三参り。そして成人式、結婚式やお葬式です。通過儀礼では必ず着物を着てきました。日本人が長年、伝統的衣装を着ているのはしきたりを大事にしているからです。着物は日本人の美意識の表れともいえます。

戦後、着物が復興する段階で一時は一兆八千億円といわれた市場が衰退してきました。原因は着物が高すぎる、着付けが難しい、手入れや片付けが大変、といわれます。

――着物の着付けが難しいことや着物を着る機会が少ないことがネックですか。

自分で着付けができないと、おっくうになって着物との縁が遠くなるようです。着付けができれば、お茶会やショッピングなどの機会に着物で出掛けられます。そこで、現在、「京遊学

これで着付けは大丈夫…京遊学舎のきもの教室

舎」で総合的な「きもの教室」を開いています。最近は東京で着物姿の人をよく見掛けるようになりました。「やっぱり着物」の空気が少し出てきたのではないですか。山本寛斎さんや桂由美さんが和のテイストを入れたデザインをしています。

——着物をもっと着てもらうには、どうすればよいのですか。

着物の展示会を開いても、お客さんが来ないと、商品は動きません。まず、お客さんに来てもらうため展示会を気軽な雰囲気に変えた方がいいでしょう。お茶会をはじめ、お遊びの場がほしいですね。最近は他都市で着物パーティーが盛んで、特に東京では着物のパレードも行われています。その点、京都では着物をアピールする仕掛けの努力が足りないのではないですか。せっかく絶好の機会があっても、京都の人は

「うちとこは結構です」と引いてしまうところがあります。惜しいですね。

先日、ある百貨店が顧客名簿の見直しをしたところ、親、子、孫の三代にわたる顧客のいることが分かり、驚いたといいます。「呉服はありがたい」と百貨店関係者は喜んでいました。

近年は、大学の卒業式や謝恩会で着物を着る学生が増えているようです。学生だけでなく、保護者の和服も増えているのは嬉しいことです。


――京都の観光客への「おもてなし」では、どんなことに気を付ければいいのですか。


一九七〇年に、市松人形の修理のあっせんをしたことからイギリス人夫妻と親しくなりました。後にロンドンに行った際、郊外の夫妻宅を訪れました。築二百年のお城のような自宅でした。この時に「母親が着ていたもの」といって、古いサテンのドレスをいただきました。その後、NHKドラマの『八重の桜』を見た時、例のドレスの形状が新島八重の時代の貴重な衣装と同じであることが分かりました。あるきっかけで知り合った外国人から大切なドレスをいただくことになって、不思議な思いがしました。

観光客へのもてなしは、ちょっとしたきっかけでいいのです。

先日、京都市役所前で、修学旅行生が外国人に道を尋ねられ、一生懸命に教えていました。外国人が困った時に助ける。日々、観光客の質問に答えることがもてなしです。市民ができる小さな親切が始まりなのです。

講演で全国を回っていますが、「修学旅行で京都へ行きました」といわれます。でも、修学旅行だけに甘えていたらだめでしょう。今はディズニーランドもユニバーサル・スタジオ・ジャパン（ＵＳＪ）もあります。四季折々に観光都市としての「しつらい」をする必要がありまます。

**いちだ ひろみ**
京都府立大学卒。会社勤務の後、大映京都に入社、女優として活躍。その後、美容、服飾の道へ。世界の民族衣装を収集。日本和装師会会長。全日本きもの振興会理事、『京の底力』『絆』など著書多数。エッセイスト。

**京遊学舎**
京都市中京区間之町竹屋町下ル
電話075(212)2044

コラム

# 和装産業の復興を

「京の着倒れ、大阪の食い倒れ」という。着倒れとは、着物道楽の末に身上をつぶしてしまう意味である。しかし、始末屋の京都人が家を倒産させるほど着物に金をつぎ込んだのだろうか。豪華な染織品への憧れから、この言葉が生まれたのかもしれない。背景には江戸時代以降の西陣の目覚ましい発展がある。美しい染織品の生産は全国に西陣の名を知らせた。

この歴史的な実績があるのに近年、京都の和装産業は衰退する一方である。残念なことだ。なぜ、こうなったのか。日常生活で着物を着なくなったからである。原因は、はっきりと分かっている。高価になりすぎた。着物を着る機会が少ない。自分独りで着付けができない。

和装復興への道筋はどこにあるのか。着物離れの原因から考えればよいだろう。着物の市場をフェアな形に正常化して消費者の信頼を得る。そのためには、織屋、問屋、小売店と、業界全体が協力して消費者の納得が得られる価格決定が必要だ。大胆に悪しき慣行を廃止することも不可欠である。着物を着る機会をもっと増やす。若い女性が自分で着物を着られるようにする。このような対策は数十年前から指摘されていた。問題は一向に実行されなかったことだ。

西陣は昔から狭い地域に民家が密集していた。西陣織の分業体制をとっていたことから、織元と紋屋、糸屋などとの関係が密接で「地域全体のまとまりがよかった」と地元の古老はいう。ところが、最近は「助け合いよりも足の引っ張り合いが目立つ」と嘆く。

着物の良さをアピールするためには、まず西陣、室町の関係者に日常的にもっと着物を着てもらいたい。年間を通して着物を着るイベントを積極的に企画してほしい。なによりも着物文化の将来像を描くプロデューサーが必要で、後継者の育成も急務だ。和装産業の復興を目指して若手の活躍に期待する。

# 京都の人は、井戸の中にまた井戸を掘って内だけを見ているようだ

三条祇園画廊
代表取締役
梶川　強さん

京都への観光客が、順調に伸びているのは万々歳です。京都の観光資源は無限にあるといえます。しかし、現実に外国人が見ている資源は全体の一割にも満たないでしょう。最近の外国人は、日本のことをよく勉強してやってきます。中国や韓国からは、自国の文化財を京都で見ようとして来日します。中国では過去の文化大革命で多くの文化財が破壊されたからです。

京都には中国の唐や明時代の文化財がよく残っています。これまで、京都の文化は何度もなくなりかけましたが、江戸幕府の歴代将軍は文化を復興し、てこ入れしてきました。

ところが、現在の日本人がどこまで文化に興味を持っているかといえば、疑問がわいてきます。年齢で比較すると高齢者なら文化を土台に産業のことを考えますが、四十代以下の若い世代はお金や時間の余裕がなく文化への関心を持てないのでしょう。その点、経済的に余裕のある外国人が日本人の知らないような歴史的建物や文化財を鑑賞しています。特に京都画壇について外国人から聞かれることが多いのです。

　京都には京都画壇の作品を紹介する常設展がありません。ハードの資源は豊富にあるのに、作品をうまく見せるソフト面のシステムが整っていません。残念です。

　京都は美術系の大学生が多く、画家や染色家もたくさんおり、西陣、室町には着物文化があります。この環境を生かすべきです。外国人は骨董《こっとう》への興味が強いので、アンティーク市場のセンターが必要です。京都観光の振興には一部の料理店やホテル、旅館の高すぎる料金を直してほしいものです。

　京都の人は、井戸の中にまた井戸を掘って内だけを見ているようです。もっと井戸の外の世界をよく見てもらいたいですね。

**かじかわ つよし**

1945年、京都市生まれ。1968年、三条祇園画廊を設立。1980年、東京銀座アートセンター設立。1988年、ルネ・ラリックのガラス作品研究室を設置。2006年から2011年まで、南禅寺の新襖絵制作をプロデュース。中国、韓国と交流。

**三条祇園画廊**

京都市中京区寺町通御池上ル
電話075(221)6401

コラム

# 三都の衣装比べ

江戸時代のお話。京の東山で三都（京都、大阪、江戸）の富豪の妻女による衣装比べが行われた。江戸の妻は、黒羽二重に南天の模様を染め出し、実にはサンゴを縫い付けた。大阪は緋綸子《ひりんず》に京の名所を金糸銀糸で飾った。京の中村内蔵助の妻は黒羽二重の両面に下は白無垢《むく》を重ね着した。結果は京の圧勝だった。内蔵助の妻は周囲に華麗な衣装の侍女を置いたので、白黒の効果が一段と冴えたわけだ。この衣装の製作と演出は、当代随一の画家の尾形光琳によるもの。京が勝ったのは当然だろう。

現代の衣装比べを三都（京都、大阪、神戸）で催すとどうなるか。放送作家の丹波元氏の分析を紹介する。着物のセンスでは京都が断トツの一番。ところが、洋装になると「野暮で凡庸な姿に豹変《ひょうへん》」という。和服の着付け感覚で洋服を着るためである。大阪はもう「センス以前」「単に泥臭い」だけと、実に手厳しい。けばけばしいヒョウ柄のおばちゃんが商店街を闊歩《かっぽ》するイメージが強すぎるのだろう。港町・神戸は欧州調のシックな雰囲気が強い。服装のセンスは三都で一位である。「派手すぎず、地味すぎず、中庸を得ている」と丹波氏は評価する。色彩感覚でも、三都は大きく異なる。京都は渋好みだが、どうも洗練されない。大阪は原色が大好き。神戸は中間色を好み、流行に最も敏感という。

性格を比べても三都は違う。京都人はイケズ（意地悪）と断定された。残念である。「顔ではにこやかに微笑《ほほえ》みつつ、一方、肚《はら》の中では舌を出し、ついでに相手の爪先を踏んづけている」という最悪のイメージ。大阪は「おしゃべりで底抜けのお人好し」とちょっと見方が甘い。神戸は「腹黒い」に尽きるらしい。

谷村新司は「三都物語」で三都のすばらしさを歌った。三都が個性を生かしながら競争し、発展してほしい。

# 邦楽を支えてきた京の旦那衆がいなくなった

長唄洛声会主宰
稀音家六加乃さん

邦楽を楽しむ人が年々、減っているのは寂しいことですね。習いごとをする場合は、資格を取って将来、先生になることを目標にする人が多いようです。

しかし、邦楽はなかなか簡単には先生になれません。「一生が勉強」というところがあるからです。邦楽を受け継ぐのは、代々のその家に生まれた人たちということが多いようですね。ですから、邦楽人口の減少を止めるのは難しいのでしょう。

過去に邦楽を支えてきた京の旦那衆がいなくなったことも、邦楽の愛好家が少なくなった原因でしょう。現代の日本家屋には畳のお座敷が少なくなり、主婦も普段は着物を着ません。生活にもゆとりがなくなりました。このような生活様式の変化が、邦楽と縁遠くなる原因のひとつだったのでしょう。

一昨年、私のところへイギリス人の男性留学生が長唄の稽古にきました。中古の三味線を買って熱心に練習しています。アニメで日本文化を知り、憧れて日本にやってきたといっていました。

最近は、日本文化に憧れて来日する外国人が多くなっているようです。過去にヨーロッパで浮世絵などが高く評価され、日本ブームの起きたことがありました。それと同様に、現在はまた外国人のなかで日本ブームが起きているのではないですか。

戦後、わたしたちの生活はアメリカナイズされたところが多く、子どものころにあちこちで聞こえた三味線の音が次第に聞こえなくなりました。今の習いごとならピアノが多いでしょう。それでも、なんとか邦楽文化を守っていきたいと思います。邦楽は歌舞伎の中でしっかりと生きています。外国からのお客さんには日本文化の底にある謙虚さを知ってほしいですね。

---

**きねや ろくかの**

1946年、京都市生まれ。5歳の時から三味線の手ほどきを受け、18歳で稀音家六加多に師事して唄方になる。1990年から本格的に演奏活動。東映映画『長崎ぶらぶら節』などで長唄を指導。長唄協会委員。

コラム

# 京都人とは何者か

一体、京都人とは何者なのか。三百年以上も続く旧家が条件か。いや、上京、中京、下京区の住人か。いや、鉾町の住民に限るなど、京都人の定義をいいだせば、もうきりがない。この際、「三代以上前から京都に住み、自ら京都人と認識する人」くらいの緩い解釈で、いかがですか。

まず京都人の特徴を脚本家の依田義賢氏の著『京のおんな』から見てみよう。

美点にあげるのは――

▽やさしい、やわらかな京なまりの言葉
▽着物の趣味がよく、上品
▽行儀がよく、礼儀に通じている
▽謙虚である

逆に欠点は――

▽容易に本心をあかさない
▽疑い深くて、意地が悪い
▽勘定高く、打算的

▽見掛けと内は大違い

これは女性評だが、欠点については男性も似たようなものだろう。周りにいる京都人の意見をまとめると次の通り。

始末屋である。倹約するが、けちや吝嗇《りんしょく》とはやや違う。普段は粗衣粗食でもハレの日には一張羅を着る。長唄名取の叔母は時代劇映画を見ても、女優の着物にしか関心がなかった。着物では人に負けたくない。優柔不断。あいまいな口調で人に言質を与えない。「そやろか」「ほんまですか」が口ぐせ。

ある老夫婦が口喧嘩をしていた。原因は近くへ行くのに「市バスか、タクシーか」の争いだった。資産数億円の世帯なのに。

筆者のよく知る人は祇園に生まれ育った。長じて「うんちく人間」になる。映画の忠臣蔵を見ると、すぐに泣く。ブランド主義者でバーバリーとロレックスが大好き。自分が飲むウーロン茶はメーカーと品種を決め、老人福祉センターに入居しても方針を変えなかった。息子が結婚して山科に転居した時、烈火のごとく怒った。「なぜ京都を離れるのか。山科は京都ではない」と。毎月、祇園で親族会議を開く。外づらがよく内づらが悪い。典型的な京都人。やりたい放題の八十五年だった。筆者の父である。

# 京女は、はんなりとした雰囲気の中にシンの強さを持っている

オフィス・レディ・エム
代表取締役社長
見延玄子さん

よくいわれる京女の魅力は、はんなりとした雰囲気の中に、シンの強さを持っていることでしょうか。特に着物姿の女性は海外でも高く評価されています。和服の素晴らしさですね。

着物は四季折々に合わせて着ることが肝心です。素材も絵柄も変わってきます。着物を着る時の季節や周りの景観を考えたうえで、当日の着物を選ぶ必要があります。とりわけ色の組み合わせに配慮したいですね。私は新緑の季節ならピンク系、秋の紅葉時にはダークな色調の着物を合わせます。

着物は値段が高く、着る機会が成人式や結婚披露宴など限られていることから「着物離れ」が進んだのでしょうか。確かに、着物のモデルでも日常生活で和服をしている人は少ないでしょう。

着物を着た時は、それなりのマナーや所作を守ってほしいのですよ。以前なら家庭の中で祖母や母親が着物を着るマナーを教えてくれましたが、最近は核家族化の影響で、若い人に着付けをしてくれる人がいません。祇園祭では、浴衣姿の若い女性がたくさん見物に来ています。

現代の京女は何を思うか…
談笑するオフィス・レディ・エムのモデルたち

若い人たちも着物が好きなのでしょう。この動きを本格的な着物の需要増に結びつけてほしいですね。

これからは、京都への外国人観光客が増えてくるでしょう。それなら、英語など外国語を話せる人が観光業界で必要になります。例えば、着物を着て英語で案内する「観光タクシー」があってもいいですね。

多くの観光客を受け入れるには、街の環境をもっときれいにしたい。市内にはごみ箱が少ない気がします。京都らしい美しいデザインのごみ箱をもっと多く設置してほしいものです。

**みのべ はるこ**
京都市生まれ。光華女子大学卒。21歳で「ミス日本」に選ばれ、この後、「ミス着物」など８件の栄冠を獲得。1984年には「きもの大使」として英国での国際庭園博に参加。1986年、モデル養成会社を設立。

**オフィス・レディ・エム**
京都市中京区二条通河原町西入ル
アスリート河原町二条1001
電話075(212)4588

コラム

# 京女の心は複雑です

「東男と京女」――。粋な江戸の男には、優しい京の女が似合うという意味だ。京男にとっては、極めて不本意な言葉である。

ところが、この「京女」は色町の女のことではないかという説がある。脚本家の依田義賢氏は、この「京女遊女説」をとる。江戸時代には「京の女郎に江戸の張り持たせ大阪の揚屋で遊びたい」の言葉が人口に膾炙《かいしゃ》していた。滝沢馬琴は「京によきもの三つ。女子、賀茂川の水、寺社」というから狷介《けんかい》な馬琴も京女には甘かったようだ。

京美人説は、いったいどこから来たのか。ひとつは「賀茂川の水で産湯を使う」おかげか。また京の町家はあまり家の内部に日が差さず、色白になったという。色の白いは七難隠すである。これに対し、脚本家の内館牧子さんは京美人と秋田美人を対比して、秋田は「素の美しさ」、京は「磨きぬかれた美しさ」と分析する（『きれいの手口』）。京美人には立ち居振る舞い、京ことばの優雅さが備わっているからだ。これは日々の努力のおかげか。

そういえば、中学高校時代を思い起こしても周りに京美人がいた記憶はない。ただ、理知的で男生徒の目を引き付ける女子はいた。古希を迎えたじいさん連中が、同窓会の話になると、「あの魅力的なS嬢はどうしているかな」といまだに噂するほど。相手も今は立派なおばあさんであることを忘れている。

映画監督の吉村公三郎氏によれば、京美人がいたのは、「徳川中ごろから明治、大正にかけてのこと」（『京の路地裏』）とみなす。「現在の京都には他の地方にくらべて、とくに美人が多いとは思われない」とのご託宣だ。山本富士子さんをはじめ多くの美女を撮った監督だけに、その審美眼は確かなものだろう。

もし、あなたが四条河原町で美女を見かけたとしても、それは他都市からの観光客だ。京美人は、深窓に隠れているはずだから。

現代の京都の女性については「はんなり、シンが強い。言葉がきれい」との評価を得ている。なかには、「口と腹が別々、底意地が悪い」の厳しい声も聞かれる。だが、「美人が多い」とは決していわれない。先の吉村監督は京都の女性の特徴に「礼儀が正しく、万事ひかえめ」「シマツ（倹約）で所帯持ちがよく、よく働く」「総じてきれい好き」「世間体を気にする、見えっぱりが多い」などを挙げる。この複雑な京の女性に、多くの作家も惑わされた。夏目漱石、谷崎潤一郎、川端康成、水上勉など多士済々。

京都出身の女優、タレントを見渡しても、なかなか美人にはお目にかかれない。しいていえば、杉本彩か坂下千里子くらいか。若いころの松坂慶子級がいないのは寂しい。平安京までさかのぼれば、京美人はあまたいる。紫式部や清少納言、和泉式部、小野小町など数知れず。

さて、現代の京美人はどんな活躍をするのか、二十一世紀のレディーたちに期待しよう。

平安時代に京美人はいたのか

インフォメーション

# 障壁画は日本の宝

障壁画は日本の美術史にさんぜんと輝いている。この障壁画とは、襖、ついてなどに描いた絵の総称だ。最もよく知られた絵に建仁寺の俵屋宗達「風神雷神図」がある。

京都は障壁画の宝庫だ。大徳寺聚光院の狩野永徳の国宝「花鳥図」は、二〇一七年三月まで特別公開される。二条城には狩野探幽ら狩野派絵師による豪華な障壁画が多くある。二条城は、まるで障壁画の博物館のようである。じっくりと鑑賞したいところだ。

南禅寺には、永徳一門の筆による作品が多い。「白梅禽鳥《きんちょう》図」「二十四孝図」が有名である。大覚寺には狩野山楽の「紅梅図」が美しい姿を見せる。このほか、知恩院には狩野尚信の格調高い諸作品があり、妙心寺天珠院は狩野山雪の作品を残す。京都で障壁画めぐりをするのも楽しいだろう。作品は非公開や他に寄託の場合があるので、各寺院に確認を。

# 日本画の伝統を守るためにも若い作家には自作を社寺に残してほしい

日本画家
浜田泰介さん

——まず日本画を勉強された経過を教えてください。

学生時代は専攻した日本画のほか、洋画に染色、陶芸などいろんな勉強をしました。もともとは、日本画を勉強するはずが、米国で生活をするうちに、前衛的な抽象画を創作するようになったのです。初めて渡米したのは、二十九歳の時です。カリフォルニア大学バークレー校で学びました。米国では、いろんな人と交際して、快適な生活を送ることができました。作品をよく買ってもらったので実にうれしかった。帰国後は考え方を変えて、また日本画の道を目指すことにしたのです。

——京都の社寺で、襖絵などを制作することになったきっかけは何ですか。

米国で知り合った真言宗の僧侶との出会いから、大覚寺で障壁画を描くことになりました。最初は弘法大師一一五〇年御遠忌の引き出物として、参拝者に渡す水彩画千枚を十五日以内に描くようにとの注文を受けました。この仕事をなんとかやり遂げると、今度は障壁画をつくれということで、琵琶湖の風景を取り入れた絵を仕上げました。

次は醍醐寺で豊臣秀吉の「醍醐の花見」をテーマに描くことになったのですが、次々と要望が増え、結局は七年がかりで百四十枚を作りました。一時は良質の紙を探して奔走する苦労もあったのです。東寺では、蓮が花芽をつける時から枯れるまで、これを壁画に描いて四季と生死を表しました。自分自身でも気に入っている作品です。

その後、伏見稲荷大社や石清水八幡宮からも依頼があり、障壁画を完成させました。各社寺で仕事をする陰には、人と人との不思議なご縁がありました。ラッキーの連続だったともいえます。

――画家の目から見た、現在の京都の町の印象はいかがですか。

京都の町は、近年、汚くなったのではないですか。長い歴史を振り返れば、京の町は中世の時代から何度も地震や火事に見舞われてきました。町の美しさはたびたび失われたのです。そしてまた、何度も町全体が立て直されてきました。今は根本的に町づくりをやり直さないと、どうにもならない事態となっています。

町家の保存なども中途半端です。行政がもっと支援する必要があります。とはいっても、古いものを保存するだけでは不十分です。同時に、新しいものを創造することが不可欠だといえます。

文化庁の京都移転が決まったようですが、そのことで、京都の将来の発展にどの程度の影響があるのか。現時点では、あまり大きな期待はできない気がします。

――芸術家の社会的な役割を、どう考えていますか。

画家がお寺や神社に襖絵などを描くことは、自分自身の美術館をつくるようなものです。国宝など貴重な建物の中で自分の作品が長く残るのですから、こんなにうれしいことはありません。日本画の伝統を守るためにも、若い作家には自作を社寺に残してほしいですね。

——これから、京都文化を充実させるために必要なことは何ですか。

関西には画家の仕事をサポートし、新しい制作に向けてプロデュースしてくれる人がほとんどいません。これが東京との大きな違いです。人材を養成することが大切です。

かつて美術界には、京都画壇のそうそうたる人々が数多くいました。最近は突出したスターが出てきません。寂しいことです。目先のことだけを考えるのではなく、将来にわたって、長く評価されるような京都文化がさらに生まれることを望んでいます。

**はまだ たいすけ**

1932年、愛媛県宇和島市生まれ。1955年、京都市立芸術大学卒。同大学院修了。1961年から２度、渡米し活躍。帰国後は醍醐寺など社寺で襖絵などを描く。密教学芸賞、愛媛新聞賞を受賞。大津市在住。

第三章

# 伝統を守る

# 商品の価格は呉服店が勝手につける、このシステムでは産地が困る

西陣織工業組合理事長
渡邉隆夫さん

二〇一四年の「西陣機業調査」の結果を見ると、企業数、織機台数、従業員数がすべて減っています。年間の総出荷金額も約三百三十四億円にとどまっています。これは需要の低迷のほか、内部事情としての流通経路の問題や従業員の高齢化、後継者難などの諸問題があるためでしょう。

特に最大の問題が流通上にあります。今の小売店は、商品を産地から借りて商売をしているのです。商品が売れれば当然、支払いをしますが、売れなければ返品という。しかも、価格は呉服店が自分たちで勝手につける。このシステムでは産地が困るわけです。流通経路が簡素に整理されたところがある一方で、複雑化した一面もあります。そんなことで織屋の廃業が続いているのは残念です。西陣の厳しい状態に変わりはなく、もうからないので後継者も出てきません。

これからは消費者がネットで商品を買うことが多くなります。西陣でも直接販売を考える時がきているようです。自分で作って、自分で売るというところでないと、生き残れないかもし

西陣織会館で華麗に
行われる着物ショー

れません。「西陣の帯は、こう作る。品質がよい」というメッセージを消費者に発する必要があります。

一九八九年に開設した公益財団法人・織成館《おりなすかん》では、工房見学や展示を見ることで手織りのすべてが分かるようにしています。二〇一二年には祇園祭・大船鉾のご神体である神功皇后の狩《かり》衣《ぎぬ》を制作しました。「京もの認定工芸士」の藤田恵子が半年かけて仕上げました。

京都への観光客は、これから一直線に伸びていくことは難しいでしょう。世界中で旅行ブームが起き、日本も分け前にあずかっている感じ。これからが大変です。

**わたなべ たかお**

1939年、京都市生まれ。同志社大学卒。1962年、東京の呉服問屋「菱一」に勤務の後、1964年に「渡文」入社。1982年に社長就任。京都商工会議所副会頭など歴任。京都府中小企業団体中央会会長。

**織成館**

京都市上京区浄福寺通上立売上ル
電話075(431)0020

コラム

# 西陣の明日の道を探せ

西陣の歴史を振り返れば、倒壊と復興の繰り返しだった。地名の由来は、応仁の乱（一四六七年―一四七七年）の際、山名宗全率いる西軍が陣を置いたことから。その後の西陣は、何度も苦難に見舞われた。そのたびに先人は知恵を絞り、工夫を重ねて西陣織づくりを続けてきた。

西陣織は高級絹織物として知られ、現在は伝統的な帯地や着物のほか、ネクタイ、ショールなども生産。壁掛けなどのインテリア製品も製作する。しかし、二〇一六年発表された「西陣機業調査」によれば、二〇一四年の企業数が三百二十一社、織機台数三千八百九台、従業員数二千六百七十四人と、いずれも減少。しかも一九七五年以降をみると、ずっと減少傾向のままだ。年間の総出荷金額も約三百三十四億円に減少した。実に厳しい数字であるが、なんとか再興の道を探してほしい。

西陣の現状を知るには、西陣織会館（上京区西堀川通元誓願寺上ル）をのぞくのが、一番よいだろう。毎日、華麗な「きものショー」（無料）を行っているほか、職人たちの西陣織製作の実演があり、見学者は手織り体験（有料）もできる。豪華な衣装を展示、紹介しており、会館は外国人観光客を含め多くの見学者でにぎわっている。

西陣にある「千両ケ辻」とは、江戸時代に大宮通今出川周辺を呼んだ名である。一日に千両もの商品が行き交い、売買したことから名付けられた。一時は今出川通に金融機関の支店がずらりと並んだことがあった。現在も生糸や織物の問屋は営業を続けている。花街・上七軒の繁栄は、西陣の旦那衆の支援があったおかげともいう。

このほか、西陣には見るべき名所が多い。桜の名所である雨宝院。「十六羅漢の庭」で知られる妙蓮寺。多くの貴重な人形を所蔵する宝鏡寺は人形寺といわれる。ぜひ休日には、西陣めぐりを楽しんでほしい。

# 誰でも一度、着物を着ると次はもっといい着物を着たいと思う

千切屋代表取締役会長
熊谷喜治さん

京都の呉服業界は、確かに厳しい面があります。しかし、私たちは得意先を大切にして、百貨店や小売店への販売ルートを守ります。

商品はオリジナルのものが大半で、問屋と同時にメーカーのような役割も果たしているのです。呉服を一カ所で大量に売られることは好みません。あくまでも高級志向の商品を扱います。これでないと、私たちは生きていけません。

店は享保十年（一七二五）の創業で、私が十八代目の当主になります。これまでの商売を守り、継続させることが使命です。そのためには、品質の向上と技術の研鑽《けんさん》に努め、従来の千切屋のイメージを壊さないように気を付けています。

私たちは作家さんに描いてもらった絵柄から商品を作っています。いち早く作家さんに目を付け、お互いに意見を交換して、いいものを目指してきました。

最近、レンタル着物が普及していることは知っています。四条通や観光地で着物姿をよく見かけます。観光客の若い女性が多いようですね。外国人もいます。この現状について賛否両論

あるようですが、私は着物を着てもらう入り口として評価しています。

誰でも一度、着物を着ると、「次はもっといい着物を着たい」と思うのではないですか。レンタル着物を利用した十人のうち、一人でも二人でもいいから、さらに本格的な京の着物がほしいと求めてくれれば結構です。

呉服業界で日常、着物姿の人たちが少ないのは残念です。私は月初めなどに必ず和服でいるようにしています。一般の人たちにも、ぜひ着物を着る機会を多くしてもらいたいと願っています。

---

**くまがい よしはる**

1946年、京都市生まれ。同志社大学卒。1969年、千切屋に入社。2006年、同社社長に就任。京都織物卸商業組合監事。2016年、同社会長に就任。

---

**千切屋本社**

京都市中京区高倉通三条下ル
電話075(221)1151

コラム

# レンタル着物ブーム

ある日の暮れ方、八坂神社西楼門の階段から四条通を眺めると、壮観だった。若い女性の着物、着物、着物の行列だ。この現象は清水寺の参道や嵐山の渡月橋付近でも見られる。しかも、日本人よりも外国人の方が多いようだ。ソフトクリームを食べながら歩いたり、お行儀はいまひとつ。中国人の団体客がそろって和服姿で、着物の裾からスラックスが丸見えになっているのもお愛嬌《あいきょう》であろう。

これはレンタル着物ブームによって出現した現象である。人気が上がるにつれ、雨後のたけのこのごとくにレンタル店が急増した。現在では大手だけで十軒以上。開店してもすぐに店じまいするところもあるので全体像がなかなかつかめない。着物に足袋、じゅばん、帯などの一式で三千円前後から。簡単な無料のヘアセットが付く店もある。着付けは一時間程度で終わり、気軽に利用できる点が受けたようだ。駅や有名な観光地近くの店が繁盛しているといわれる。変身舞妓に続く大流行である。

このブームは和装業界にとって、よい兆候かと思ったが、西陣、室町の反応は微妙なもので、「本格的な着物の需要には結びつかない」という。浴衣の需要はやや伸びているとはいえ、これだけでは寂しいだろう。当初は「ペラペラの着物や。柄が季節と合わへん」などと陰口もあったが、最近では立派な着物を選ぶ外国人も増えている。せっかく着物のよさが見直されているのだから、何とか和装業界の反転攻勢のきっかけにならないものか。

そのため「京都の着物」から「世界のキモノ」に発想を転換する必要がある。レディー・ガガが火付け役になって欧州では着物ウェアが人気を呼んだ。「体形を気にせず着られる」ことがヒットの理由らしい。京都は着物の似合う町。レンタル着物の体験者には、和装の素晴らしさを世界で喧伝《けんでん》してほしい。

# 長期的にはどうやって祇園祭を守っていくかが課題です

郭巨山保存会会長
平岡昌高さん

祇園祭といえば、子どものころには「山」の中に入ったりして、周囲で隠れん坊をした思い出があります。一年で一番、にぎやかで楽しい時でした。店頭に屏風《びょうぶ》を飾り、その前でお客さんに接待したことも覚えています。約四十年前から「山」のお世話をするようになりました。

祇園祭は七月十七日の山鉾巡行ばかりが注目されますが、七月一日の吉符入りで始まり、七月末まで一カ月も続く、長いお祭りです。もともと神事として行われたものですから、現代のように観光の見世物としてのみ見られることには、少し複雑な気分があります。観光客の皆さんには山鉾巡行だけでなく、宵山の風情なども含め、お祭り全体をゆっくりと味わってほしいのです。

長い歴史を通して、町衆が支えてきたお祭りです。

京の繁栄で力をつけた町衆が、巨額のお金を投じて絢爛《けんらん》豪華な胴掛けや見送りを手に入れ、山鉾を飾りました。その中には立派な文化財というべきものがあります。さすが、京都が都だっただけに、世界の一級品を集めたといえるでしょう。町内同士が競い合って素晴らしい飾りをつくり、自慢することもあったでしょう。

近年は鉾町の変化が激しく、地元に住む町衆がゼロのところもあります。各保存会がかつて住んでいた人やボランティアなどの協力を得て、なんとか山鉾を維持管理しているが現状です。長期的には、どうやって祇園祭を守っていくかが課題です。幸い、私たちの「山」では現在、巡行当日の行列に参加したいという希望者が多く、抽選をするほどです。

京都は、日本文化が凝縮されたような町です。私たちは祇園祭の伝統をしっかりと受け継いでいきたいと思っています。

**ひらおか まさたか**
1946年、京都市生まれ。同志社大学卒。繊維会社に勤務の後、24歳で平岡旗製造に入社。1993年に同社代表取締役社長に就任。

**平岡旗製造**
京都市下京区四条通西洞院東入ル
電話075(221)1500

## 観光客の皆さまは自分自身で好きな京都を発見してください

順正代表取締役
上田両四郎さん

湯豆腐の歴史は鎌倉時代ごろからです。お寺の精進料理で使われ、それが公家、武士へと広がっていきました。室町時代になると、商工業が発達して京都の人口が増えると食料不足になり、大豆で簡単に作れる豆腐が好まれました。

南禅寺周辺で湯豆腐が盛んになったのは、お参りの後、お斎《とき》の湯豆腐を食べて元気になったことから、評判を呼び店が増えたのでしょう。

豆腐は自然に浮き上がってきた時が食べごろです。もともと簡単な料理で、食べるタイミングを見極めることが大事なのです。植物性タンパク質で、体によいことがよく知られています。

創業は昭和三十七年（一九六二）です。当時から、外国人のお客さんが多かったようです。現在は、外国人観光客が約二割程度でしょう。台湾、香港、中国のお客さんが多いのです。庭が池泉回遊式なので、池の周囲を回って散策を楽しめると好評を得ています。

一番古い建物は、新宮涼庭が天保十年（一八三九）に建てた「順正書院」（国の登録有形文化財）です。新宮は長崎で蘭方《らんぽう》を学んだ医師で、書院は学塾でした。当時の文化人が集まるサ

美しい庭のある順正の正面

ロンでもありました。書院で学んだ医学生の存在が、やがて京都府立医科大学を設立することにつながったのです。京都の近代医学の発祥の地といえます。

ここで哲学者の和辻哲郎が『古寺巡礼』を書いたといわれています。

京都は多様な文化と風習を持つ町です。京都人には京都の中でも好きなところと嫌いなところの両方があります。

観光客の皆さまは自分自身で好きな京都を発見してください。例えば、「哲学の道」もアンノン族の若い女性が声をあげて、全国に知られたのです。

**うえだ りょうしろう**

1949年、京都市生まれ。京都産業大学卒。大阪の料理店で修業の後、東京の百貨店に勤務。1973年、順正に入社、1997年、社長に就任。

**順正**

京都市左京区南禅寺草川町

電話075(761)2311

コラム

# 京料理の将来は

古い時代の話である。京都で戦国大名・三好家の料理人を務めていた坪内某が初めて織田信長の食事を作り、信長に出した。信長は「まずい」と激怒して「殺せ」と命じた。これに対し坪内は「もう一度、料理を作らせてほしい」と懇願。再び料理を差し上げたところ、今回は「うまかった」と信長の機嫌が直り、坪内は信長の料理人に取り立てられた。

後に坪内は「最初の料理は京の味。二度目は田舎風に仕立てた」と説明したが、暗に信長を上品な「京の味」が分からない田舎者といいたかったのだろう。

一般に京料理とは、懐石、精進、有職料理などを融合したものといわれる。京都は海から遠く離れているため新鮮な海産物はなかなか手に入らない。だが、上質の京野菜は豊富にあるので、京野菜をうまく使った料理が発達したのである。

長年の工夫のおかげで、京料理は全国から高い評価を得ている。

京料理でも料亭ともなれば、器や部屋のしつらえ、庭の景観など全体の雰囲気に気を付けて料理を味わえるようにしている。これで膨大な維持費、人件費がかかるわけだ。近年、京都の老舗料理店の閉店が相次ぎ、経営難から経営者が変わる店も出てきた。寂しいことだが、一体、どうしたことなのだろう。

ある時期から有名老舗店の料理をおいしく感じなくなった。自分の舌が老化したせいかと心配になって、食通の知人に意見を聞くと、やはり同様の感想をもらしたのだ。

最近、京都以外の有名旅館やホテルで懐石料理を食べると、実においしいところがある。旅館に話を聞くと、料理人は京都で修業し、材料は京野菜を使っているという。

さて、「本家・京都」の料理の味は大丈夫なのか。伝統の味を守りながら、お客の好みに合わせるのは至難の技のようだ。信長の料理人の坪内なら、現代の京料理の味を、どう評価するだろうか。

# 京都の花街が守られてきたのは、花街を維持する環境が整っていたから

花街研究家
正脇良平さん

舞妓《まいこ》さん、芸妓さんは、子どもからお年寄りまで幅広く人気があります。欧米のほかアジアや中東の人たちにも好かれています。花街の文化は日本文化の底力を示すもので、日本人の美意識を表すといえるでしょう。

この花街を成り立たせているのが、伝統のしきたりです。花街では、しきたりがまるで法律のようなもの。もちろん、不合理なところもありますが、このしきたりこそが昔ながらの花街の仕組みを支えています。

しかし、花街は過去に何度も危機に直面してきました。最大の原因は昭和四十年代以降のカラオケの普及です。それまで、お客が歌う時には芸妓さんらの三味線が必要でした。それがカラオケの出現で、三味線がいらなくなり、花街がさびれていったのです。

京都の花街への影響は比較的少なかったのですが、一時は舞妓さんが五花街で合計約六十人ということがありました。最近は舞妓さんが増えてきたのでほっとしています。

「都をどり」は明治五年に京都博覧会の余興として始まりました。それがよく、これまで続

いてきたものです。

京都の花街が守られてきたのは、花街を維持する環境が整っていたから。着物文化があるほか、髪結い、小間物などの技術者が健在です。大阪の花街などは戦争時の空襲で高価な着物がすっかり焼失して、再興が難しかったと聞いています。

花街には難しい問題も多いのです。お茶屋の後継者をどう確保するか。お茶屋がビルに変わるのは、相続税などの税対策があるようです。お茶屋が少なくなれば、伝統の街並みも変わり寂しくなります。

花街を元気にするため、芸妓たちがいろんな役柄に扮装《ふんそう》して町中を行列する「ねりもの」を復興したいと思っています。

---

**まさわき りょうへい**

1956年、金沢市生まれ。同志社大学卒。ウエディングドレス・メーカーに勤務の後、1988年からギオン福住へ。祇園甲部などで芸舞妓の手配をする一方、全国約200カ所の花街を研究する。

コラム

# 花街は怖いところか

子どものころ、お正月には東山区の円山公園にあった親類宅へ遊びに出かけるのがわが家の「しきたり」だった。そこへ派手な衣装の女性が次々と現れるではないか。新年のあいさつに来た芸妓衆だとは、後になって分かった。子ども心に「きれいやな」と驚いた記憶がうっすらと残っている。

小学生になると、祖母が「四条大橋を渡って川東へ行ったらあかん」といい聞かせた。祇園で育った父親の轍《てつ》を踏まぬよう、孫を厳格にしつけたようだ。そのおかげか、祇園町へ入ったのは、仕事の関係で四十を過ぎてから。恐る恐るの心持ちだったろう。

ある時、知人にお座敷に誘われ、「今日は、いい人を紹介する」といわれる。期待していると、現れたのは「祇園町で最高齢」の芸妓さん。勉強になりました。

夜には芸舞妓らが優華な着物姿を見せる花見小路

門外漢にとっては、お座敷はあまり面白いところではない。拳の遊びを知り、小唄の一節でも披露しないと場が持たない。「おにいさん、なんかやって」と請われ、困った末に狂言の太郎冠者のせりふをうなったところ、お座敷が静まり返った。大失敗だった。昔から花街で遊ぶ旦那衆は謡曲、長唄など能や邦楽の素養があったという。お遊びも大変だ。

京の春は「都をどり」（祇園甲部）で幕を開ける。ある年、「都をどり」をはじめ「京おどり」（宮川町）、「北野をどり」（上七軒）と続けて見たことがある。祇園甲部は豪華絢爛、宮川町は美形の芸達者が多い。上七軒は少ない数でけなげに踊る。最後のあいさつでは、目頭が熱くなった。思わず「上七軒、がんばれ」と声をかけてしまった。

花街の四季は、その伝統行事を見ればよく分かる。正月は芸舞妓が黒紋付きの正装姿で髪には稲穂のかんざしを付けて、あいさつ回り。二月の節分には神社で舞いの奉納や豆まきを行い、夜は「お化け」と呼ばれる仮装をする。八月一日の「八朔《はっさく》」では芸の師匠などに感謝。十二月の顔見世興行には芸舞妓の「総見」で花を添え、十二月十三日には、正月を迎える準備の「事始め」がある。四季折々の行事が花街をあでやかに彩るわけだ。

るる述べたごとく、花街とは、あまりご縁がなかったのに、名刺入れには小さな「花名刺」が五十枚以上も残っている。芸妓さんと舞妓ちゃんのものらしい。なぜだ、勝手に花名刺が移動したのかな。不思議な現象である。

# 第四章

# しきたりを継ぐ

お客様に対しにこやかに対応する従業員

# 本物の日本文化を知りたいという外国人観光客が続々とやってくるはずです

井筒グループ
オーナー
津田佐兵衛さん

京都へ来られる観光客の中では、まだ「本物の京都」を求める人が少ないです。中国人の爆買いが景気をよくするといっても、買い物の中心は家電商品などで、京都ならではのものではありません。社寺観光をしても、歴史の流れまでは理解できないのでしょう。さらりと建物や庭園を見るだけで、奥深いところに触れることは難しいようです。

アジア各国の観光客は、お金がたまったので「ちょっと日本へ行こうか」という感じの「試し観光」が多いのではないですか。過去の日本人も一時期は「試し観光」で、世界各国へ出掛けました。

京都を訪れる観光客の特徴は、リピーターが多いことです。来るたびに新しい発見があるというお客さんが主力です。これは嬉しい。こういう観光客こそ、歓迎したいのです。いずれ、中国人の爆買いブームは終わるでしょう。十年も二十年も続くはずがありません。それ以降に、本物の日本文化を知りたいという外国人観光客が続々とやって来るはずです。

修学旅行生などの若い観光客は大歓迎です。若い人たちには、京都の歴史のゆかりに興味が

八つ橋づくりは楽しい…修学旅行生が体験することもある（井筒八ッ橋本舗・京極一番街店）

持てるよう、丁寧に説明してほしい。修学旅行生には、お店で八ッ橋づくりを体験してもらっていますが、「面白い」といって好評のようです。

世界共通のスイーツはチョコレートですが、日本独自の甘いものは「あんの文化」といえます。一説では平安時代、嵯峨天皇の時代に小倉あんが作られ、これが和菓子のルーツになったといわれます。観光客には長い歴史のある和菓子を味わってほしいのです。

最近は京都に超高級ホテルが続々と建っています。ただ、京の町には家族でお世話する「宿屋」が似つかわしい気がします。

---

**つだ さへえ**

1923年、京都市生まれ。京都大学卒。30歳で井筒八ッ橋本舗の社長に就任。京都物産出品協会会長。国際ロータリー第2650地区ガバナーなど歴任。2016年から井筒グループのオーナー。

---

**井筒八ッ橋本舗祇園本店**

京都市東山区川端通四条上ル
電話075(541)2121

コラム

# 京菓子のおいしさ

大の甘党である。全盛期には食後、まんじゅう五個をペロリのありさまだった。そのせいか、今はドクターストップで甘いものは厳禁扱い。ああ、一保堂のお茶で虎屋の「夜の梅」を食べたい。それがかなわぬので、甘党歴を振り返ってみた。子どものころは、満月の「阿闍梨餅《あじゃりもち》」と西谷堂の「でっちようかん」が好物だった。丸太町かわみち屋の「蕎麦《そば》ぼうろ」は到来物をよくいただいた。大人になってからは、俵屋吉富の「雲龍」に凝っていた。夏は甘泉堂の水羊羹《ようかん》がおいしい。二條若狭屋は「あゆ」がお目当て。清閑院の四季折々の菓子は色鮮やか。見ているだけで楽しくなる。京華堂利保の「しぐれ傘」は品のよい風味がお気に入りである。

この調子で挙げればきりがない。皆さまはどうぞ、お好みのままに召しあがれ。

インフォメーション

# 愛宕さんの火迺要慎

京都の民家の台所では「火迺要慎」の火伏札をよく見かける。防火の神で知られる愛宕神社のお札である。庶民の信仰を長く集めている証拠だ。全国に約九百社ある愛宕神社の総本宮。創建は大宝年間（七〇一—七〇四）に役小角《えんのおづの》と泰澄によるる。本殿に勝軍地蔵、奥の院（現・若宮社）には天狗の太郎坊を祭っている。

神社へのお参りは標高９２４メートル《メートル》の愛宕山を登るので、登山の準備が必要だ。健脚の人で登山口から約二時間のコースというから、決して甘く見ないように気を付けて。七月三十一日夜から翌日早朝にかけての「千日まいり」は多くの人出でにぎわう。一晩で千日のご利益が受けられるからだ。

天正十年（一五八二）五月、明智光秀が戦勝祈願で愛宕神社を訪れ、連歌の席で句を詠んだ。「時は今あめが下しる五月哉《かな》」。本能寺の変をひかえた決意なのか。いまだに謎が残る。

# 京都では特定の場所に観光客が集中する傾向があります

鮎の宿つたや主人
井上清邦さん

愛宕街道のライトアップを始めたのは、一九九六年からです。近くの化野《あだしの》念仏寺で八月二十三、二十四日に「千灯供養」が行われるので、これに合わせて「街道灯し《かいどうとぼし》」を企画しました。八月二十三日から二十五日まで、嵯峨釈迦堂（清凉寺）から鳥居本までの約二キロ間で実施します。街道沿いの十六軒が参加するほか、嵯峨芸術大学の先生や学生も協力してくれます。今では、行事が定着して観光客の皆さんに喜んでもらっているようです。

最近は愛宕山へのお参りの様子もだいぶ変わりました。お参りというよりも登山を楽しむという人たちが多くなった感じです。六十歳以上の年配者が増え、中には八十代のおばあさんが元気に登る姿も見られます。

本業の「鮎《あゆ》の宿つたや」は創業約四百年です。当初は茶店だったのが、鮎を出す料理屋に変わりました。今は北海道から九州まで常連のお客さんが来られるので喜んでいます。お客さんの多くは、鮎とマツタケがお目当てです。悩みは、かやぶきなど建物の維持管理が大変なこと。数年前から外国人のお客さんが多くなってきました。シンガポール、香港などからで、日本

幻想的な愛宕街道のライトアップ

のことをよく知っていて、大間マグロや神戸牛を食べたいなどとおっしゃいます。これからは、京都全体で考えても、外国人観光客が増えていくでしょう。受け入れ態勢をしっかりと整えることが大切です。

京都では特定の場所に観光客が集中する傾向があります。天龍寺は多いが、少し奥に入ったお寺は少ないのです。観光客には、いろんな寺院を訪れてほしい。

行き先が分散して、マイカーと公共交通機関をうまく利用して目的地に移動するパーク・アンド・ライド方式を拡大すれば、渋滞が緩和され、京都市内の交通問題の解決につながるでしょう。

**いのうえ　きよくに**

1951年、京都市生まれ。同志社大学卒。京都市内の有名料亭などで修業の後、26歳の時に「つたや」へ。14代目の当主。嵯峨野保勝会会長。

**鮎の宿つたや**

京都市右京区嵯峨鳥居本仙翁町

電話075(871)3330

# 国際観光を伸ばすには、交通体系の整備が不可欠です

大安代表取締役社長
大角安史さん

京都への観光客が五千万人を越え、順調に伸びているのは結構なことです。ただ外国人の伸びに比べると、日本人はあまり増えていないようです。いずれにせよ、これからは観光客の受け入れ態勢をしっかりと考える必要があります。

例えば、祇園町は南側の地域が夕方になると、外国人観光客で大混雑しています。春の「都をどり」の期間は警備員が立って観光客を誘導しているので、まだ混雑はましです。これは従来、通りが人で埋まるほどの経験したことのない現象が起きているのです。行政が常時、警備員を置くなどの対策を取るべきでしょう。近年は、よく観光立国といわれますが、観光には必ず光と影の両面があるものです。それだけに、影の部分にはきちんと対応することが大切ですね。

国際観光を伸ばすには、交通体系の整備が不可欠です。もう一度、市電を走らせることを考えてみてはどうでしょうか。現状をみれば、地下鉄とバスだけでは交通渋滞の解消はどうにもなりません。

大安は明治三十五年（一九〇二）の創業です。これまで、漬物一筋に「ほんまもん」を追求してきました。現在は化学調味料や保存料、合成着色料を使用していません。二〇一三年に「和食」がユネスコ無形文化遺産に登録されました。漬物は和食文化のひとつとして日本人の食卓に欠かせないものです。

どんな老舗でも時代に合わせて商品の形を変えてきました。残すべきは残し、変えるべきは変えるのです。

最近始めた一人用のミニサイズの漬物セットは、消費者調査の結果で生まれました。従来の大きさは核家族や一人暮らしの家庭では、多すぎて食べきれないというのです。

今後もライフスタイルの変化に合わせて漬物文化をしっかりと守っていきます。

**おおすみ　やすし**
1972年、京都市生まれ。1996年、龍谷大学卒。同年、第一勧業銀行に入社。2000年、同行を退社して大安に入社。2014年に同社社長に就任、京都青年会議所理事長など歴任。京都府物産協会理事。

**大安本社**
京都市左京区岡崎南御所町
電話075(761)0281

コラム

# 京漬物は副菜の女王

京都市内の私立中学への合格が決まった時、親類のおばさんがお祝いに食事をしようと誘ってくれた。「不二家か、志津屋か」と尋ねられたが、「漬物でお茶漬けが食べたい」と答えた。「変わった子やな」と相手は笑っていた。それほど、子どものころから漬物が好きだった。

漬物の歴史は古代から。野菜などを保存するため塩漬けにしたことに始まる。京漬物の特徴は「塩分が少ないことで、発酵による酸味をたくみに利用し、加えて良質で豊富な京野菜と京の底冷えと呼ばれる冬の気候によって生まれた」（京都大事典）といわれる。

京漬物は「すぐき」「千枚漬」「しば漬」が代表的なもの。すぐきは独特の酸味が味の決め手である。千枚漬はちょっぴり甘く、シャキシャキと食べられる。な

千枚漬は京都の冬を代表する漬物

すのしば漬は、お茶漬けによく合う。紫色を思い出すだけでつばが出てくるようだ。

近年、漬物人気が高じてフルコースまで出現したようだが、やはり漬物は食事の主役ではない。副菜の女王だが、上座でなく脇で控えてほしい。「秋なすは嫁に食わすな」という。このなすは京漬物だったのかな。

# だんだんと京都らしい店が少なくなっている気がします

TNCブライダルサービス
代表取締役
木村俊昭さん

京都の伝統的なもてなしの話題になると、よく「一見さんお断わり」の話がでます。これは花街や料亭などでのことですが、基本的には経営方針の問題です。

例えば、料亭ではお客の味の好みなどが分からないと、十分な対応ができませんといわれます。昔は、料理の味だけでなく、部屋のお花や掛け軸などに目を向ける常連の旦那衆がいました。それで、料亭側もお客の好みに合わせて細かい接待をしたのです。質の高い空間や高級な器を使うことで、高い料金をいただくことができたわけです。

最近は、このような伝統のシステムを維持することが難しくなっています。一方で、有名な料亭が姿を消し、経営者が変わったりするのは寂しいことです。だんだんと、京都らしい店が少なくなっている気がします。

観光客が増えているのは結構ですが、新しい問題も起きています。祇園町南側では、芸舞妓の写真を撮ろうとして、観光客が殺到して大混雑しています。これでは、祇園らしい風情がなくなると、嘆く声が聞こえます。

寺院でもきれいなコケの庭に勝手に入ったりする、マナーの悪い人がいます。こうなると、「もう観光客は来ないでくれ」という苦情になりかねません。どこかで、観光客にきちんと注意する必要があるでしょう。

本業の結婚式では近年、和のウエディングが増え、日本人だけでなく外国人にも人気です。欧米やオーストラリアの人たちが、寺や神社で結婚式をあげることが多くなってきました。神聖な雰囲気で式をしたいという理由からです。これからは、外国人観光客を京都へもっと呼び込みたいですね。

---

**きむら　としあき**

1956年、京都市生まれ。嵯峨芸術大学卒。婚礼衣装メーカーに勤務。1980年に貸衣裳店を開業。1998年からは婚礼を総合プロデュースするTNC社を経営。

---

**TNCブライダルサービス**

京都市中京区河原町二条北東角
ABビル１階
電話075(241)1188

コラム

# 一見客では駄目ですか

悪名高い京都の風習に「一見さんお断り」がある。主として花街のお茶屋が、知人の紹介のない一見客を断るシステムである。ここから「京都の店はお高くとまっている」との批判が出るのだろう。とはいえ、事情を知らずに一方的に非難されては、お茶屋のお母さんがかわいそうになる。今回は花街弁護論を述べてみよう。

事情通の話によれば、お茶屋での花代や食事代などお遊びにかかった費用は、すべてお茶屋が立て替え払いをして、後にお客に請求書を送るしきたりになっているという。お茶屋の紹介でクラブへ行った場合も、そのお勘定はお茶屋がいったん払うわけである。なるほど、これではお客の信用を見極めることが大事になり、紹介者も必要になるはずだ。

花街は「女の町」である。外部からいろんな危険や圧力が及ぶ場合もある。その時に備えて、お茶屋の経営者とお客が協力して花街を守るのが、「一見さんお断わり」の考え方なのだろう。

現代の花街は内部に難しい問題を抱える。お茶屋の後継者難であり、相続税対策でも頭を痛める。花街文化を支援するため、一九九六年に「京都伝統伎芸振興財団（おおきに財団）」が設立され、各種の支援事業を行っている。しかし、まだまだ助成は不十分である。財団の「友の会」会員を飛躍的に増やしてもらいたい。全国には多くの京都ファンがいるから。

先の「一見さんお断り」問題に戻れば、今やお茶屋以外で一見客を断るところはないだろう。ただ、一部の料亭でそれに近いことがあるかもしれない。困るのは、敷居を高くして、尊大に構える店があること。その種の料理店を「予約の取れない店」などと、盛んに持ち上げる情報誌もいかがなものか。昨今は、疑わしい情報を流す「にわか京都人」が増えているらしい。どうぞ、「あやしげな京料理店」にご注意を。

# 京都は観光都市ではなく、文化都市としてしか生き残れない

ランゲージ・デザイナー
大淵幸治さん

——長年、「京ことば」を考えられて京都人の特徴はどのようなものでしょうか。

京都人は言葉の天才です。歴史を振り返れば、京ことばを駆使して、為政者に対して自我を通してきたといえます。これは商売人だけでなく、一般人でも同じことです。自分が主張する時は、いくつものクッションを置きながら自分の考えを押し通していくのです。クッションを置くのは相手を傷つけないためといいますが、結局は保身のためですね。京ことばのＤＮＡは今もずっと続いています。

——京ことばは他府県の人が聞けば、非常に意味が分かりにくいといわれます。なぜでしょうか。

京都人は「京都弁」とはいいません。京都弁といわれるような方言ではないのです。今でも京ことばといい、依然として中央の言葉という感覚を持っています。ですから、他府県の人が京ことばの意味を分からないというのは、分からない方が悪いと思っているのです。今も京都市内では西陣や室町で、その意識が強いでしょう。といっても、三十年ほど経てば何ごとも変わっていきます。三世代、ざっと九十年経てば、全く消えてしまうものもあるはずです。観光

客への「一見さんお断り」も最近は消えつつあります。

――京都観光の現状をどうみていますか。

もともと京都は、観光に来る場所ではありません。京都人は観光客に対して、おもてなしをする気はないのです。土産物店などでは「買わないなら早く出てくれ」というところですから。また国際都市ともいえないでしょう。東京に代表される中央の世界とは関係なく、ローカルな部分だけで生きているのです。京都は観光都市ではなく、文化都市としてしか生き残れないのではないですか。

京都人はお客をなかなか家の中に入れません。客とは座敷の上がりがまちで話をして、相手が帰る時は「お茶も出さず、お愛想なしで」というだけです。京都には世間でいうおもてなしの感覚がないのだから、応対が悪いと腹を立てても仕方がないのです。しかも、どんな場合でも、相手に言質を取られないように丁寧な言葉で対応しています。

――京ことばを理解するのは難しいですね。

優雅な京ことばのほかに、庶民が使うゲスな言葉もあります。京都人がよく使う「ドツボにはまったわ」「ババ（糞）ふんだ」などの表現です。京ことばの「おすまし文化」と京都弁の下品な文化とが二重構造になっています。言葉だけでなく、行動についての理解も難しいようです。親切ごかしにいろいろいっても、その本意はまったく反対の場合があります。

例えば、知人が家の前に車を止めた時、「どうぞ、どうぞ」といいながら、すぐに警察に「駐車禁止違反があります」と通報したりします。以前に「石畳をげたで歩くな」と文句をつける人がいました。石が減るからという理由でした。

――改めて京都の魅力はどこにありますか。そして今後の京都観光の見通しは。

京都は落ち着く町です。個人主義が強いので他人のことにかかわらず、ほっといてくれるのがいいですね。「京都のよさが分からん人は、京都へ来んでよろしい」という考えです。最近は「本物の京都人」と「偽物の京都人」が現れるようになりました。例えば他人を批判する場合に本物は人前でも堂々と批判しますが、偽物は陰でこそこそとやります。

今後は、もう観光客を増やさない方がいいと思います。そっと見守っていればいいのです。観光客が増えて、何かいいことがありますか。多少、京都人のプライドを満足させる面があったとしても、観光客の増加に合わせていろんな維持費が高くなります。

---

**おおぶち こうじ**

富山県生まれ。立命館大学卒。広告代理店、印刷企画会社、出版社に勤務。著作や講演でユニークな京都人論、京ことば論を展開。著者に『京都文化ジン類学』『ハダカの京都解体新書』など。

コラム

# 京ことばは難しい

京の都から花のお江戸へ遊学した最初のこと。銀座の喫茶店。ウェイトレスが来たので「コールコーヒー」と注文すると、相手がプッと吹き出した。「アイスコーヒーですね」と確認して厨房へ。「嫌な女だ」これで東京の女性が嫌いになった。このトラウマは長く残り、後に、東京女子大学の学生と付き合ってようやく回復した次第である。

このほか、ほかす（捨てる）、どんつき（突き当り）などが、「意味不明だ」といって、よく笑われた。帰省して、久しぶりに京女の京ことばを聞いた時の新鮮な驚き。優雅で情があると、当時は感じた。

京ことばの特徴を考えてみよう。

まず敬語表現が独特だ。おかき（かき餅）、おせん（煎餅）、おまん（まんじゅう）のように食べ物に「お」を付ける。お東さん（東本願寺）、お西さん（西本願寺）と寺院を敬う。大丸さん、高島屋はんと百貨店を敬称で呼ぶ。実に丁寧な表現である。

個別の言葉も難しい。例えば、あかん（いけない）、いらち（落着きのない人）、えずくろしい（くどい）、じゅんさいな（のらりくらり）、どんくさい（鈍い）、ほっこりする（ほっとする）など。この大半は三十万語収録の日本国語大辞典に載っていない。

「よろしいな」には注意が必要だ。呉服店でお客が商品を見て「よろしいな」といえば、「買いません」のサイン。「どうでも、よろしいな」の意である。芸舞妓に「食事でもどうや」と誘って「おおきに」といわれても喜ぶのは早い。誘ってくれたことに「ありがとう」といっただけのことである。

「あんじょうしてや」も商売人はよく使う。以前、ある料理店主にコメントを求めた時、当方が京都出身と分かると「難しいことは分かりまへん。京都の人なら、適当に文章を作ってください。あんじょうしてや」といわれた。

女性が「かんにんしとおくれやす」というのは、何か色っぽい嫋嫋《じょうじょう》の風情がある。かつて文豪の夏目漱石も京ことばの意味を取り違えて、お茶屋のおかみに腹を立てたといわれる。ことほどさように、京ことばは難しい。

とはいえ、女性の使う京ことばは評判がよい。関東では京女がもてることは間違いなしである。逆に男の場合は「なよなよしている感じ」「何か気持ち悪い」と散々のありさまだ。ただし、「京都人は腹と口が違う」との悪口は、京ことばが原因ともいえる。独特の婉曲《えんきょく》表現が分かりにくのだろう。

作家の秦恒平氏は『源氏物語』や『枕草子』を分析した後、京ことばを「深く閉ざされた中での一種の隠語、暗示語」(『京のわる口』)という。京都人は昔から「言語明晰《めいせき》意味不明」だ。「真意や本音を聞き取るのは、容易ではないと秦氏は指摘する。

京ことばの特徴は相手への責任転嫁がある。しかも、京ことばの「批評」は九割九分が「わる口」というから怖い怖い。

第五章

# 慰霊と開運

# 観音菩薩に手を合わせることで苦しみや悩みを鎮め、人を思いやる心を持ってほしい

石山寺座主
鷲尾遍隆さん

——まず西国三十三所札所が定められた経緯と意味を教えてください。

かつて奈良・長谷寺の開山の徳道上人が、亡くなられた際に閻魔《えんま》大王から「お前はまだ来るのが早い。地獄へ送られて来るものが多いので、観音霊場へ参ることで救われるよう観音菩薩《ぼさつ》の慈悲の心を説け」とのお告げを受けました。この時に起請文《きしょうもん》と宝印を授かって現世に戻されたといわれます。

それから人びとに札所めぐりを勧められたのです。これは養老二年（七一八）のことで、二〇一八年がちょうど「草創千三百年」に当たります。そこで札所会は二〇一六年三月から、各寺院がいろいろな事業を進めています。石山寺は十三番札所です。

——最近の霊場めぐりの様子はいかがですか。

年々、お参りの人が多くなっているようで喜んでいます。特に、若い女性が増えています。以前は仏像に魅せられた女性「仏女」のブームがあったのですが、これが「朱印帳」を集める流行に変わってきたのです。各寺院ではそれぞれが美しい朱印帳を作っています。

堂々とした造りの石山寺・東大門

お参りの人たちに札所巡礼の方法などを指導する先達が増え、現在は約七千人に上ります。これも「朱印帳」人気のおかげです。それでも昭和三十年代後半の大ブームにはおよびません。

当時は日本が経済復興を遂げ、レジャー時代が始まったころでした。といっても、現代のようなテーマパークがなく、人びとはお寺に詰めかけたのでしょう。しかし、時代が変わっても信仰の在り方はあまり変化していないのではないですか。

——「草創千三百年」に向けての取り組みはどんなものがありますか。

二〇一六年から本尊を特別開扉するお寺が多くなっています。疲れた巡礼者には甘いものを提供する「スイーツ巡礼」をアピールするつもりです。これもお接待のひとつです。毎月一回特別の月参りの日を決めていますが、この日は石山寺で朝から夕方までに、四人がずっと朱印

紫式部ゆかりの石山寺境内

を書き続けるほど参詣者が多くなっています。

――最近の観光の状況は、どうなっていますか。

全般的に観光客が増えてきて、外国人も多くなっています。外国人から手紙の問い合せが「京都市　石山寺」、「京都の近くの石山寺」などの宛先で届くのは、少々残念です。まだまだ「滋賀」が知られていないのですね。

京都への観光客が増えるにつれて、大津市への宿泊客も増加してきました。京都であふれたお客が滋賀にやってくるのですかね。ただ大津に泊まった観光客が、翌日は滋賀の観光を素通りして京都へ帰っていくのは寂しいことです。観光面での京都のブランド力の強さを感じます。やはり滋賀としては、観光振興の上で京都とさらに連携する必要があるでしょう。

――石山寺は、昔から京都の人々のお参りが多かったのではないですか。

石山参りが始まったのは奈良時代からです。平安時代になってからは、都の皇族、貴族や女官たちが物見遊山も兼ねて石山寺へやってきました。朝に京を出発すると牛車に揺られても夕方には寺に着きます。二泊三日の旅だったと記録に残っています。普段、厳しい生活を強いられていた女官たちにとっては絶好の息抜きの機会で、途中、琵琶湖の美しい景色を楽しんだことでしょう。紫式部が石山寺に参篭《さんろう》して『源氏物語』を書いたといわれます。清少納言や藤原道綱の母、菅原孝標の女もお参りしました。石山寺は京都と縁が深いのです。

今、札所会では札所全体を日本遺産に登録する運動を計画中です。西国札所は日本で最古の巡礼地です。観音菩薩に手を合わせることで苦しみや悩みを鎮め、自分自身を見つめ直して、人を思いやる心を持ってほしいですね。

**わしお へんりゅう**

1946年、大津市生まれ。同志社大学、種智院大学卒。東寺で修業の後、1974年に石山寺へ。2004年、同寺座主。西国三十三所札所会会長。びわ湖大津観光協会副会長。

**石山寺**

大津市石山寺１丁目１番１号
電話077(537)0013

インフォメーション

# 西国三十三所巡礼

近畿地方から岐阜県にかけてある三十三カ所の観音霊場をいう。この札所めぐりは、わが国最古の巡礼である。ここで「三十三」とは「法華経普門品第二十五」に説かれた「観音菩薩が三十三の姿に身を変え、人びとの悩みや苦しみを救う」との意味からだ。養老二年(七一八)、奈良・長谷寺の開基である徳道上人が三十三カ所の霊場を定めたといわれる。後に花山院が廃れていた札所を復興した。

この巡礼路は、全長約一千キロメートルに及ぶ。一番が和歌山の青岸渡寺で、三十三番は岐阜の華厳寺。京都府内の札所は次の通り。

▽十番＝三室戸寺▽十一番＝上醍醐准胝堂▽十五番＝今熊野観音寺▽十六番＝清水寺▽十七番＝六波羅蜜寺▽十八番＝六角堂頂法寺▽十九番＝革堂行願寺▽二十番＝善峯寺▽二十一番＝穴太寺▽二十八番＝成相寺▽二十九番＝松尾寺

インフォメーション

# 貴船神社の二つの顔

カーン、カーン。幽谷に木づちで釘《くぎ》を打ち込む音が響き渡る。時は丑の時の深夜。貴船神社の奥宮で、頭に鉄輪をかぶり、その上にろうそくをともした女が、大木にわら人形を打ち付けている。おどろおどろしい姿。謡曲「鉄輪」に現れる一場面だ。夫に捨てられた女が、貴船の宮で呪いをかけた。貴船の神は恐ろしい顔を持っている。

逆に、復縁祈願の優しい顔も見せる。平安時代を代表する歌人の和泉式部が、冷たくなった夫を嘆いて一首を詠んだ。

「もの思へば沢のほたるもわが身より　あくがれいづる魂かとぞ見る」

これに貴船の神から返歌があった。

「おく山にたぎりて落つる滝の瀬の　玉ちるばかりものな思ひそ」

さて現代。縁結びの神の貴船社で、若い女性たちが水占いをして嬌声《きょうせい》をあげる。将来、彼女らが愛欲の道に迷わぬことを祈る。

# 洛北は、豊かな森が広がり、命の源の水を育むところです

貴船神社宮司
高井和大さん

京都で観光といえば、どうしても清水寺や市中央部の社寺、そして嵐山などへ観光客が集中しがちです。しかし、洛北にもいいお寺や神社がいっぱいあります。豊かな森が広がり、命の源の水を育むところです。

そこで、三十社寺がまとまって、二〇一四年に「京都洛北・森と水の会」を結成、忘れられている社寺の存在を知らせ、自然や人びとの生活と文化を紹介することにしたのです。これまでに毎月一回、各社寺でＮＨＫのカルチャースクールを開いているほか、小学生対象の自然に親しむ会、写真コンテストなどを行っています。三十社寺を回る「ご朱印」めぐりも人気のようです。

もともと貴船神社は水の神様です。同時に縁結びの神様でもあります。そのせいか、最近は若い女性のお参りが増え、パワースポットとして、やってくる人もいます。

「貴船」とは古くは「気生根」と書きました。平安時代から、運気開運の信仰を集めていました。例えば、著名な歌人の和泉式部は蛍の歌を詠んで、離れていた夫の心を取り戻したとい

若い女性らの人気を集める
貴船神社

う話があります。逆に、謡曲の「鉄輪」では夫に捨てられたことを恨んだ女が「丑の時参り」をして、夫を呪い殺そうとしました。今でも時々、「呪いのご祈祷をしてほしい」との電話依頼がありますが、丁重にお断りしています。奥宮の木に、わら人形が釘で打ち込まれていることもあります。

昭和三十年代から始めた水占いのおみくじが若い女性に大人気です。外国人も水占いを盛んにするので、今年初めから、おみくじにQRコードを付けて、スマートフォンやタブレットで読み取ると英語など四カ国語で音声と文字の説明が出るようにしました。これが好評です。これからは、外国人への対応をもっと考えるべきですね。

**たかい かずひろ**

1942年、大阪市生まれ。国学院大学卒。熱田神宮の神職養成所で学んだ後、1960年から神戸の生田神社に奉職。神社本庁で神社新報の記者、同編集長を務める。1992年から貴船神社宮司。

**貴船神社**

京都市左京区鞍馬貴船町
電話075(741)2016

# 京都の魅力は平安時代からの「都の文化」が残っていることです

恵美須神社宮司
中川久公さん

近年、一月の「十日えびす」の人出は、あまり変わらないようです。ところが、平生のお参りは二〇一五年から急に増えました。ひとつの理由は、「都七福神めぐり」の人気の結果です。若い女性が多くなったことも理由でしょう。しかし、観光客の増減は、あまり気にする必要がありません。観光客の数が多くなりすぎて問題が起きれば、いずれ淘汰されて調和するようになります。何もことさらに観光客を増やす必要はないでしょう。何ごとも、ありのままに見るようにすればよいのです。

京都の魅力は平安時代からの「都の文化」が残っていることです。全国から原材料を集めて、いろんな商品を京都でつくりました。京都には各宗派の本山や総本山が集まっています。町に高い精神性があるといえるでしょう。京都は心のふるさとの中心なのです。

日本では人と自然が共存共栄のシステムを作ってきました。人は花鳥風月とともに生きているのです。だから人は横柄になることがありません。「折り合いをつける」ことが大切です。七福神を見ても、日本の神様はえびす様だけで、他はもともと中国やインドの神様なのです。

全体をまとめるのが、えびす様の役割といってよいでしょう。

外国人観光客のマナーが悪いのは困ったことですね。やはり日本のルールに従って、マナーを守ってもらうことが肝心です。日本人は海外へ出た時は相手のルールに合わせるようにしますが、外国人はあくまでも自分の考えを通そうとするようです。

だからといって、外国人にマナーを押し付けては駄目になります。このままでは京都の魅力がなくなると思ったら現状をよく見て、魅力づくりをやり直せばいいでしょう。誰にでも「お天道さんが見ている」という意識を持ってもらいたいものです。

---

**なかがわ ひさただ**

1965年、京都市生まれ。日本雅楽保存会会長、京都楽所会長。京都市立芸術大学非常勤講師などを務める。伝統工芸品のプロデュースも行う。

**恵美須神社**

京都市東山区大和大路通四条下ル
電話075(525)0005

インフォメーション

# 都七福神めぐり

七福神は室町時代に京都から始まった信仰で、やがて全国に広がった。えびす神だけが日本古来の神様で、他はインドと中国からの由来である。

えびす神は商売繁盛、五穀豊穣を願う神。大黒天は打ち出の小づちを持ち、商売繁盛の守り神である。インドの軍神だった毘沙門天は仏教に取り入れられて福徳の神になる。唯一の女神が弁財天だ。音楽や財福の神である。福禄寿神は道教の神で長寿と福禄をもたらす。寿老神は長寿の神。布袋尊は中国の唐時代にいた禅僧だ。

正月二日の夜、宝船に乗った七福神の絵を枕の下に入れて寝ると、よい初夢が見られ、幸運が得られるといわれる。古くからの庶民の七福神信仰である。とりわけ正月に七福神をめぐると福がもたらされるとされ、毎月七日の縁日には各寺

商売繁盛でササもってこい…商売の神様である恵美須神社

院が参拝者でにぎわう。

庶民の信仰が高まるにつれ、京都市内ではいろいろの寺院の組み合わせによる七福神めぐりのルートが生まれた。例えば、「泉涌寺七福神」「天龍寺七福神」など。七福神に幸福を願う心の表れだろう。

都七福神は次の通り。
▽えびす神＝恵美須神社▽大黒天＝妙円寺▽毘沙門天＝東寺▽弁財天＝六波羅蜜寺▽福禄寿＝赤山禅院▽寿老神＝革堂▽布袋尊＝萬福寺

# 地獄の話をすると、初めて心が洗われる気がするという人がいました

六道珍皇寺住職
坂井田興道さん

――最近のお参りの状況はいかがですか。

十年ほど前から観光客が多くなってきました。ガイド本で従来の観光寺院だけでなく、「隠れ寺」の存在がよく知られるようになった結果でしょうか。京都市観光協会が催す「京の冬の旅」のコースに入ったことも大きいようです。これまでは、お盆の時だけにお参りの人出があったのですが、今は一年中、参拝者が来てくれます。

――参拝者を見て、新しい特徴的なことがありますか。

過去は、やはりお年寄りが多かったのに対し、近年は八割までが若者で、関東方面からの女性が大幅に増えています。現代の複雑な世相を背景に、人の心が殺伐としていますから、悩みや苦しみを抱えた若者が、人智を超えた霊的な力を求めて、やって来るのでしょう。

現代は人が悩みを抱えても、親や先生、友人にはなかなか相談しないようですね。それでも、何かに頼りたいという気持ちがあるからお寺に来るのでしょう。

もう一つの特徴は、漫画の『鬼灯《ほおずき》の冷徹』（江口夏実作）の影響です。これは若い人たちに

六道珍皇寺の門前にあったといわれる「六道の辻」

人気のある漫画で、地獄を舞台に閻魔大王や当寺ゆかりの小野篁《おののたかむら》が登場します。小野篁には寺の井戸を通って、この世とあの世を行き来したという伝説があります。だから、修学旅行の中学生でも漫画のファンなら、小野篁や地獄について、よく知っているわけです。

――参拝者からの相談に乗られるのですか。

若い人たちは、必ずしも神仏に頼るのではなく、見えないものにあこがれる心があるようです。相談者の悩みをじっくりと聞きますが、少しでもストレスが解消すればいいと願っています。地獄の話をすると、初めて心が洗われる気がするという人がいました。お寺に来て落ち着いた、心が癒されるという若者もいます。それなら、ありがたいことです。

現代は大自然への崇敬の念がありません。

善悪の尺度が判然としなくなりました。これまでは、親や近所のおじさんらが、やっていいことと悪いことを普段から子どもたちに教えていたのです。今は子どもたちの痛ましい事件や事故が多すぎます。大人が地獄や異界の話をしなくなったせいでしょうか。この点では、宗教家の責任もあるでしょう。

――京都の観光に伴う課題は何ですか。

第一に、外国人観光客のマナー問題が深刻になっています。アジアからの観光客が多いのですが、旅館などでトラブルが起きているようです。深夜に路上で大きな声を出す、あちこちにごみを捨てるなど、近所から苦情が来るのです。土産物店では、店頭の試供品を一人がみんな食べてしまうが、お土産はまったく買わないと嘆いています。生活文化が違うので、問題の解決はなかなか難しいのですが、やはり対策が必要でしょう。観光業界と行政が協力して対応を考えるべきです。

第二に、ホテルや旅館などの宿泊施設が足りないことです。そのために、京都のあちこちで宿泊施設の建設ラッシュが続いています。二〇二〇年の東京五輪に向けての建設でしょう。超高級ホテルやビジネスホテル、簡易な旅館など、いろんな種類の宿泊施設です。ところが、新たな建設をめぐっては、地元住民が反対しているところもあります。建設業者と地元がよく話し合って円満な解決ができることを望んでいます。

——今後、京都観光を推進するうえで、充実すべきことは何でしょうか。

世界から京都が観光地として注目されるのは、嬉しいことです。この際、行政には観光客の受け入れ態勢を根本的に見直して、新しい対策を実行してもらいたいですね。

**さかいだ こうどう**

1946年、京都市生まれ。建仁寺僧堂で修行。宇治市役所に勤務して教育関係などを担当する。後に六道珍皇寺の住職に就任。臨済宗建仁寺派宗務総長。

**六道珍皇寺**

京都市東山区松原通東大路西入ル
電話075(561)4129

インフォメーション

# 六道の辻

六道とは、地獄道、餓鬼道、畜生道、修羅道、人道、天道——の冥界《めいかい》のことである。人は死後、この六道を輪廻転生する。六道の辻はこの世とあの世との分岐点で、古くから六道珍皇寺あたりにあるといわれた。寺が平安京の東の墓場、鳥辺野への道筋にあることから生まれた話だろう。

寺の鐘は毎年、盂蘭盆《うらぼん》に突き、鐘の音は冥土まで響いて亡者をこの世に呼び寄せる。八月七日から十日まで、この「迎え鐘」を突いて精霊を迎える六道まいりが行われる。

寺とゆかりの深い小野篁は、閻魔庁の役人だったという伝説がある。本堂裏には篁が冥土に出入りした井戸が残っている。篁は平安前期の学者で歌人。遣唐副使になったが、渡唐を拒否したことなどから嵯峨上皇の怒りを受け、隠岐に配流された。帰京後は役人に戻ったものの、異常な行動が多かったようだ。

コラム

# スイカを抱えて老師に会う

夏の暑い盛り。汗だくになりながら大きなスイカを抱えて、ある禅宗寺院を訪れた。

「たのもー」。大声で呼ぶと、中から老僧が現れた。この人が福田赳男首相（当時）のご意見番といわれた老師らしい。まさか、最初から本人が現れるとは思わなかった。まずスイカを渡して来訪の理由を述べると、「あがれ」の一言だ。

全く予想外の展開だった。小庵を訪ねたのは、老師が最近、山内で描いた襖絵の取材をしたいと考えたからだ。ある筋から情報をキャッチしたので、宗務所を通じて取材の依頼をしたが、けんもほろろ。いわゆる門前払いである。困った末に、直接、老師に当たることを思いついた。

老師に説明すると、「分かった」というなり、電話を取って宗務所の幹部を一喝した。「取材の便を図りなさい」。まさに鶴の一声。こうなると、大きな顔で本坊に乗り込んで、無事に取材を終えた。祝着の至りだった。

それにしても、なぜ、これほど円滑にことが運んだのか。禅宗に詳しい知人に聞くと、ある故事のおかげらしい。

鎌倉時代、この寺の開山に当たる大燈国師（宗峰妙超）が乞食《こつじき》の群れに隠れた。時の天皇は国師の好物のマクワウリをただで与えるとの高札を立てさせた。役人が物乞いたちに向かって「脚なくして来たれ」というと「無手で渡せ」と一人が答えた。この問答で国師と知れた。

とはいえ、当方は故事を知る由もない。菓子を土産にしたのでは当たり前なので、大きなスイカを運んだだけだ。老師は、この来歴を知った上で記者がスイカを持参したと推察したようだ。いわば、けがの功名である。敷居の高い禅宗寺院でも、なんとか道は開ける。

その後、取材が行き詰まると、この経験を思い出しては自らを叱咤《しった》激励した。

# 文化の力が産業を育て、観光を振興するのです。

霊山歴史館副館長
木村幸比古さん

――霊山歴史館は何のために設立され、どういう役割を果たしているのですか。

歴史館の近くには坂本龍馬をはじめ中岡慎太郎、木戸孝允、大村益次郎など志士たちの墓があります。いずれも近代国家の形成に足跡を残した人たちです。当初は勝者の歴史を重視しようとしましたが、歴史をみるには勝者だけでなく、敗者の姿も俯瞰《ふかん》しなければなりません。司馬遼太郎氏がいう「上から歴史を俯瞰する」ことです。ところが、敗者の歴史に関しては資料が少なく、軽視されてきたのです。そこで昭和五十年代に入ってから、敗者の歴史を検証するようになりました。一九七〇年に放映されたテレビドラマ『燃えよ剣』（栗塚旭主演・土方歳三役）の影響で熱狂的な幕末ファンを掘り起こしました。

――その後、敗者の歴史の研究ブームが起きたわけですね。

新選組がヒーローになったのは劇画や漫画、小説の世界からです。それまでは学術的な本がほとんどありませんでした。一九七七年にテレビドラマ『新選組始末記』（草刈正雄主演・沖田総司役）でまた人気が出ました。そのころに、歴史館は関西で初めての新選組展を開いてい

幕末維新の出来事や当時に活躍した人びとを紹介する霊山歴史館

ます。新選組の子孫の人たちも訪れてくれ、とても喜んでもらいました。

これ以降は、会津や長岡など幕府側の展示会も行うようになりました。その後、中学、高校生の見学者が増え、歴史ファンの層が広がってきたようです。

歴史は過去に書かれた公文書などを基に調べていきます。これに対して、人間の姿やエピソードを知るには、伝記が役に立ちます。

実際の姿は、公文書と伝記の中間にあるのではないですか。一番、大切なことは過去を調べて自分なりの歴史をつくっていくことでしょう。研究者は自分の思想体系に基づいて研究していきます。

——歴史館の周辺は観光地としても人気がありますね。

近くに霊山観音があるほか少し歩けば、

坂本龍馬と中岡慎太郎の像（円山公園）

清水寺、八坂神社、知恩院などがあり、文化ゾーンといえます。

――観光問題を考える際には、何が大切なのですか。

「産業」「文化」「観光」という三本柱のバランスが取れていなくては駄目です。京都は他都市と比べると、このバランスがよく取れています。文化の力が産業を育て、観光を振興するのです。京都には多くの大学があり、お茶、お花など精神性の強い文化を持っています。そこへ多くの人が集まり、お金も集まることになるのです。観光だけで考えるのではなく、文化の力が必要です。

現在、京都へ来る外国人は、社寺を見て回るだけでなく、京都の文化に親しみたいと思っています。日本人は何を食べて、どんな文化活動をしているのか、それを京都で体験したいのです。京料理だけでなく、すしやラーメンも食べたいのでしょう。

――これまでの京都観光を、どう評価しますか。

かつて、岩倉具視が欧米各国を視察したことについて質問された際、「観光に行ってきた」と答えています。ここで観光とは、「国の光を観る」の意味です。岩倉は、京都の祭りを立派に復興させ、嵐山には桜や楓《かえで》を植樹することを提唱しました。今の京都は岩倉のいった通りになっています。岩倉は博覧会を開くことも勧めました。

京都では町衆が多くのものを大事に残してきました。建物の刀傷まで残すところです。先代のものを守ることが生きるすべだったのです。京都観光のリピーターが増え、京都通が多くなっているのは嬉しいことです。

**きむら さちひこ**

1948年、京都市生まれ。國學院大学卒。岩倉具視対岳文庫長。坂本龍馬をはじめ幕末維新史を研究。文部大臣表彰などを受ける。『龍馬暗殺の謎』『新選組日記』など著書多数。

**霊山歴史館**

京都市東山区清閑寺霊山町

電話075(531)3773

コラム

# 坂本龍馬の先見性

高知郊外の桂浜に、坂本龍馬の銅像が立っている。一九二八年、高知県の青年有志らの募金により建てられた。像の高さは五・三メートル《メートル》、台座を含めると、十三・五メートル《メートル》。和服に懐手、ブーツを履き、太平洋を見つめている。ここから海を眺めれば、浩然《こうぜん》の気を養える。

龍馬は「維新史の奇蹟」といわれる。

いわば脱藩した一浪人の身で「薩長同盟」「大政奉還」「船中八策」などの偉業を成し遂げた。遠い未来を見つめ、当時の幕府の役人や志士たちが誰も考えなかった日本の将来の姿を構想した。この先見性は素晴らしい。しかも、維新後の自らの処遇には全く無関心だった。

その魅力は豊かな人間性にある。それを知るには、今に残る手紙を読むのが早道だ。龍馬の手紙について、司馬遼太郎氏は「こんなにかみくだいて自分の人情、情感をうまく表現できる文章はない」と絶賛。書としても「非常に大らかで、ばらっとしていて、しかも絵心のあった人ですから書が絵になっている」ともいう。現に龍馬が姉の乙女に宛てた新婚旅行の報告書には絵がついている。

最もよく知られた手紙が乙女宛てで、「日本を今一度洗濯いたし申候」の一節が有名だ。勝麟太郎（海舟）の門人になったことを姉に自慢するものも残っている。坂本家の将来を心配する手紙からは家族思いの一面がよく分かる。

「土佐においては幾多の例外はありつつも、美人はすくない」と司馬氏はいう。（ちなみにわが妻は土佐出身。例外である）。龍馬は初恋の高知女のほか、江戸では千葉道場の娘と恋仲になったが、妻には京の医師の娘「お龍」をめとった。土佐の「いごっそう（頑固者）」も京女に陥落である。

慶応三年（一八六七）十一月十五日、龍馬は凶刃に倒れた。三十三年の短い人生だが、立派に自らの使命を果たして天に召された。完成された人生と見るべきだろう。

# 第六章

# 国際観光の推進

# 全く町並みが変わってしまいました 京都は大事なものをなくしたのです

アシスト代表取締役会長
ビル・トッテンさん

京都で好きな場所は、比叡山の眺めが素晴らしい円通寺と庭が美しい大徳寺です。両寺院とも観光客があまり押し寄せていないので、お勧めのスポットです。

一九六九年に初来日して以来、日本での生活が長くなりました。来日後、しばらく経ったころ、JR京都駅から銀閣寺まで歩いたことがあります。その途中には、面白いところがいっぱいありました。今、同じルートを見てみると、全く町並みが変わってしまいました。

この数十年の間に、京都は大事なものをなくしたのです。高いビルが次々と建設され、周囲の山の見通しが悪くなりました。これも元には戻りません。寂しいことです。

十年前におしゃれな麻の作務衣を作りました。時には、作務衣姿のまま仕事先に出かけて、相手を驚かせたこともあります。作務衣は袖から風が入るので、意外と夏でも涼しくて便利な衣装です。それにしても日本人は、なぜ日常生活で着物を着ることをやめたのですか。その理由がよく分かりません。これも残念なことです。

京都は春の桜をはじめ、祇園祭、五山の送り火、秋の紅葉など、四季折々に観光で楽しむことができます。

この年中行事や花の名所に関して、細かい情報を観光客に提供してほしいのです。特にウェブサイトの内容を充実させて、多言語で海外に発信することが重要といえます。英語や中国語の観光パンフレットを多種多様に作る必要があります。通訳を増やすことも大事でしょう。外国語に強い、主婦や高齢者、学生たちが気軽にアルバイトをできるように、通訳に関する規制を緩和することが急務です。

**ビル・トッテン**
1941年、米国カリフォルニア州生まれ。経済学博士。1969年に来日。1972年にはソフトウェア販売のアシスト社を設立。2012年、同社会長に就任。親日家で日本国籍を取得。テレビや講演でも活躍し、日米問題の著書多数。

**アシスト本社**
東京都千代田区九段北 4-2-1
市ヶ谷東急ビル

インフォメーション

# 外国人観光客の不満

以前、スイスの航空会社の副社長夫妻が京都へ遊びに来て一日、案内したことがある。相手の肩書を考えて、ランチは嵐山の料亭で懐石料理を奮発した。ところが、食後に先方が料理の値段を聞いたので正直に答えたところ、副社長の機嫌が悪くなった。「京都はランチが高すぎる。なぜ、こんな高い料理を注文したのか」との仰せだ。

内心、「この野郎」と思ったが、そうはいえない。自腹でかなりの出費をしたのに文句をいわれたのでは、踏んだり蹴ったりだ。

そこで、夜は祇園にある居酒屋風の炉端焼きの店に夫妻を連れて行った。これが、良かった。副社長が今度は、焼き物が来るたびにいちいち「これはいくら」と聞いた。当方は「失礼な、このおっさん」と腹を立てながら値段を教えると、

「リーズナブル。安くて、うまい」と上機嫌になった。これは、最初に相手の好みをしっかりと聞かなかった当方のミスである。外国人とのやりとりは、先方の気持ちを勝手に忖度《そんたく》したのではやはり対応を誤ってしまう。

総務省と観光庁が二〇一六年一月に発表した訪日外国人の受け入れ調査では、外国人が「旅行中に困ったこと」には①無料公衆無線LANの環境②スタッフとコミュニケーションがとれない（英語が通じない）③多言語表示（観光案内板）が不十分④多言語地図、パンフレットの入手場所が少ないことをあげる。

このほかの調査では、レストラン・メニューの多言語表示やバス路線を分かりやすくすることが求められている。

いずれも改善可能なことばかりである。しかも、以前から指摘されている問題点だ。なぜ、すばやく対応できないのだろう。国や自治体が訪日外国人を誘致しようと音頭を取るなら、やるべき対策を確実に実行してもらいたい。まず、最初に行うべきは、先方のニーズを正確に知ることである。

## 日本人はどうも自分たちの文化を過小評価しがちです

ワック・ジャパン
代表取締役
小川美知さん

外国人に日本人の日常生活を紹介して、実際に外国人が日本文化を経験できる場をつくりたいと思いました。そこで、一九九七年に会社を設立して活動を始めたのです。

これまでの日本文化体験の参加者は欧米からの人たちが多く、お茶、お花、武道（剣道）や日本料理などのテーマに人気があります。この傾向は、日本文化が世界に広まっていることの反映でしょう。参加者が二〇一三年から急に増え、時にはイランやドバイなど中東からのお客さんも来るようになりました。

現在は、京町家を拠点に畳の部屋でいろんな活動をしているので、京都の伝統文化を直接、感じてもらうことができるでしょう。

日本の歴史の中では、良いことと悪いことの両方がありましたが、良い方の日本らしさを外国人に伝えたいのです。その際、日本人には自分のことよりも相手のことを優先して考える良さがあることを説明しています。日本人はどうも自分たちの文化を過小評価しがちです。もう一度、誇りを取り戻すことが大切でしょう。

伝統文化を守るうえでは、家庭の役目が大きかったといえます。しかし、近年は核家族化などで日本の家庭環境が変わり、家族だんらんが少なくなっているのは寂しいことですね。日本人自身がもっと伝統文化の良さに気付くべきでしょう。

京都は始末屋の人が多いことから、家庭料理でも贅沢《ぜいたく》をせず、安い材料でおいしく、体によいものをつくります。こんな知恵も外国の人たちに知ってほしいのです。

従来の社寺ツアーや祇園散策、伏見の利き酒体験などを続けます。今後は、高齢者の女性の力を生かすために、その協力を得て、各ツアーの「夜の観光」を充実させていきたいと考えています。

**おがわ みち**

愛媛県生まれ。同志社女子大学卒。同大学大学院中退後に約２年間、フランスを中心に欧州で生活。1991年から６年間、日本語教師。1997年、ワックジャパンを設立して社長に就任。

**ワックジャパン**

京都市中京区高倉通二条上ル
電話075(212)9993

コラム

# 富裕層を狙え

富裕層とは、一体どんな人たちなのか。世間を騒がせた「パナマ文書」に載った人のことか。昔の表現を借りれば、「億万長者」といったところだろう。

ある資産運用会社の定義では、富裕層とは居住用の不動産などを除き百万ドル以上の金融資産を持つ人をいう。調査機関が発表した二〇一五年の富裕層ランキングは、一位が米国（四百三十五万人）、二位日本（二百四十五万人）、三位ドイツ（百十四万人）の順である。意外と日本の健闘が目立つ。これが、純資産三千万ドル以上の超富裕層になれば、世界に約二十一万人（二〇一四年、スイスの銀行調べ）という。世界順位は一位米国、二位ドイツ、三位日本。なんと、金持ちの多いことか。近年は情報通信関係の新しい金持ちが増えたという。

この富裕層に的を絞って、観光業者が戦略を練る。観光庁は富裕層を対象にした各国別の誘致計画を発表。既に旅行会社は富裕層向けの個人ツアーを実施する。京都でも、ある旅行サービス会社が中東の王族や中国の超富裕層、米国のＶＩＰを受け入れている。

富裕層には、ラグジュアリー・ホテルが待つ。東京では外資系の高級ホテルが次々とオープンした。京都でも最近、高級ホテルが続々と誕生している。だが、その評判があまり芳しくない。当該のホテルをのぞいてみた。

あるホテルは玄関からフロントへ行くまでに三回、行き先を尋ねられた。セキュリティーのためとはいえ、やりすぎではないか。別のホテルは「フロントの対応が悪い」「全般にサービスが最悪」との声を聞いた。マネジャーの対応のお粗末さは筆者も体験した。他のホテルも悪評ふんぷん。喫茶コーナーではコーヒー一杯に長く待たされた。。

世界的に著名なホテルばかりだが、これで富裕層対策は大丈夫なのか。ホテル関係者には、ぜひ「おもてなし講座」の受講をお勧めする。

# 行政が「いらっしゃい」というだけで、観光客の対策は何もせんとほったらかし

写真家
ピーター・マッキントッシュさん

たまたま知り合った人に誘われて、芸妓とバーで飲む機会があった。その時、不思議な美しさを感じた。それから、お茶屋にいくようになった。舞妓さんたちは一生懸命に舞いなどの稽古をしている。お座敷では、自分のおじいちゃんの年代に当たるお客に対して接待している。よう辛抱してるわ。いつも感心する。私は祇園甲部、宮川町などのお茶屋に出入りするようになり、お茶屋のおかみさんを海外旅行で案内したこともある。

日本では外国人はいつまでたっても外国人で、市民扱いをなかなかされへん。日本語を話し、食事の時におはしを使うと、「日本語がお上手ですね。おはしの使い方もうまい」という。京都で生活して二十年以上経つのやから当たり前のこと。

京都の観光の現状は、行政が「いらっしゃい、いらっしゃい」というだけで、観光客のための対策は何もせんとほったらかし。まず交通問題が深刻だ。東山通は、いつも車やバスでいっぱい。これでは観光客が危ない。バスのシステムも観光客や外国人にとっては、非常に分かりにくい。根本的に交通体系を見直して改善してもらいたいよ。その点で、もう一度、市電を走

京都の観光地は人があふれる（嵐山）

らせたらどうやろ。外国ではサンフランシスコやヘルシンキなどで市電が活躍し、国内でも高知や鹿児島で、市電が観光に役立っている。

今、京都の町は観光客があふれてる。これでは、市民がかわいそう。税金を払う市民は何かいいことがあるのやろか。例えば、金沢市民は兼六園の入場が無料になっている。金沢に倣って京都も市民向けの対応をすべきだろう。観光客が増えても儲けているのは、ホテル、コンビニ、百円均一の店など一部だけではないか。

行政は観光政策をしっかりと考えなあかん。京都市は観光問題で外国人の意見を何も聞かへん。最近、京都の町は汚いし、ビルはバラバラ。お寺の周辺はきれいやけど、街中は汚くなった。なん十年後になっても、町の景観が守れるのか、心配になる。

観光客ばかりが増えても仕方があらへん。

ブータンは市民生活を守るため、年間の観光客を制限しているという。観光行政を進めるとしても、市民生活とのバランスを考える必要があるだろう。京都もいずれ、観光客の制限を考える時が来るのと違うやろか。

観光政策を考えるとしても、役所の担当者が短期間でころころと変わってしまう。これでは、市民が相談しようと思っても役所を信用できひん。本当に困ったことだ。

京都では、お坊さんが花街に出入りするようだ。何度もお坊さんと一緒に飲んだこともあるよ。裕福なお坊さんが多いのなら、観光対策のためにお寺から税金をもらえばいいのと違うやろか。

---

**ピーター マッキントッシュ**

1971年、カナダ生まれ。プロのサッカー選手だったが、21歳で引退。その後、世界一周の旅に出たが、日本に立ち寄った時に日本の魅力に取りつかれる。1993年から京都で生活。芸舞妓の写真を内外に発信して、大学で花街文化を教える。

インフォメーション

# 観光税、是か非か

外国人観光客の増加に伴って、新たな観光税論議が巻き起こってきた。

二〇一六年二月の京都市長選では、立候補者三人が、そろって観光新税の必要性を訴えた。新人の元京都府議は観光寺院の拝観料に課税する「拝観税」を主張。新人の元組合役員は、高級ホテルへの課税強化を訴えた。一方、現職の市長は「駐車場税」案を提起した。背景には二〇一四年に観光客約五千五百万人、観光消費額約七千六百億円と過去最高になったが、市財政の改善に結びつかなかったことがある。

観光税といえば、一九八五年の古都税騒動を思い起こす。観光寺院の大反発で三年後には廃止となったが、市と寺院側との和解には十七年もかかった。東京都は二〇〇二年から「宿泊税」を実施。大阪府も「宿泊税」に追随の方向だ。それで京都市はどうするのか。また大やけどをしないよう、慎重な議論を望む。

# 訪日外国人については、多言語への対応が必要になります

旅館こうろ
代表取締役会長
北原茂樹さん

日本人の国内旅行の需要は、全体のパイが縮小しており、伸びていないようです。リタイア組の旅行もやや落ちています。これに対して外国人観光客は好調で増えています。特に台湾、中国、香港からが多いのです。今後も外国人は二〇二〇年の東京オリンピックまで順調に伸びていくでしょう。

心配なのはオリンピック以降のことです。外国人向けの宿泊施設が増えることはいいのですが、将来、過当競争で宿泊費のダンピングが起きないかということです。

当面、京都で宿泊施設が足りない問題があります。先ごろ、政府が容積率の緩和を発表したのは、いい政策だと思います。

しかし、民泊を増やす方針はどうでしょうか。個人と個人を結びつけることで、新たなビジネスチャンスが生まれる、また遊休資産の有効活用だなど美辞麗句で説明されますが、実際の運営では問題があるようです。衛生面や火災など安全対策が本当に十分でしょうか。利用者の自己責任といって済ますわけにはいかないでしょう。すでに「ヤミ民宿」で近隣住民とのトラ

ブルが起きているところもあるようです。

訪日外国人については、受け入れ態勢を整備する必要があります。現在、京都府旅館ホテル生活衛生同業組合で京都市内の組合員二百八十軒のうち、外国人観光客を受け入れているのは百軒ほどです。これを多くの旅館が受け入れるよう組合が指導するでしょう。

そのためには、多言語への対応が必要になります。まず各旅館が英語や多言語でのホームページを立ち上げます。遠からず、翻訳機能付きのタブレットを使って予約や受け付け業務をするようになるでしょう。

私の旅館では、二〇一六年四月から旅行者がけがや病気になった時、全く費用がいらない保険サービスを導入しました。これまで、お客様に喜ばれています。

**きたはら しげき**
1950年、京都市生まれ。関西学院大学卒。1981年、旅館こうろ社長に就任。2016年5月から同会長。全国旅館ホテル生活衛生同業組合連合会会長。

**旅館こうろ**
京都市中京区堺町通六角北東角
電話075(221)7807

インフォメーション

# 急増する外国人宿泊客

二〇一五年一年間の京都への観光客数は、過去最高の五千六百八十四万人だった（平成二十七年京都観光総合調査）。また宿泊客数も、過去最高の千三百六十二万人を記録した。しかし、外国人宿泊客が増えた一方で、日本人宿泊客は減っている。

外国人観光客の動きを詳しく見ると、宿泊客数は過去最高の三百十六万人で、前年に比べ約七割も増加していた。宿泊者は東日本大震災の影響で二〇一一年に五十二万人まで落ち込んだが、その後は急上昇している。

外国人観光客に人気の「伝統文化体験」では、「着物・浴衣」が最も多く、次いで「茶道」「日本食づくり（和菓子など）」、「町家見学ツアー」の順になっている。次の来訪時に見たり、体験したいことには、「桜・紅葉などの自然」「社寺・名所旧跡」「温泉」「祭り」を挙げる。「京都の生活と京都人との交流」を望む声もあった。

インフォメーション

# 宿泊施設が足りない

観光各の増加に伴い、京都では宿泊施設の不足が深刻になってきた。二〇一五年の宿泊客が千三百六十二万人で過去最高、二〇一一年から急カーブで増加している。このうち外国人宿泊客も二〇一五年に三百万人を突破した。宿泊客を月別に見れば、十月が最多で、一月が最少になっているが、以前のように春と秋が突出して多い「ふたこぶ型」ではない。オフシーズンがなくなりつつあり、年中通じて宿泊予約が取りにくいわけだ。

そこで注目されるのが、民泊である。インターネットを使って部屋の貸し手と借り手が契約する新ビジネスだ。マンションの部屋などを利用することが多いが、ごみや騒音問題などで近隣とのトラブルが起き、無許可営業も後を絶たない。防火、防犯上の問題もある。全面解禁にはまだ議論の余地が残る。

# 世界に通じる観光のプロ、コンベンションのプロがほしい

元東京国際フォーラム
総支配人
椹木信一さん

――外国人を含め、京都への観光客が増えている現状をどう評価しますか。

観光客の増加は嬉しいことで、歓迎します。ただし、国際観光都市としての京都の本質を考える時には、この本質をどこまで観光客に伝えているか、疑問が残ります。数の拡大だけでなく、質を守ることが最大の問題でしょう。京都には長い歴史があり、文化や伝統芸能、京料理などの本物があります。この本物を体験させ、味わってもらってこそ、観光客は満足するのではないですか。一度の来日で体験できなければ、再度の入洛を勧めてリピーターになってもらえばいいのです。

――京都は映画やテレビドラマの舞台になることが多く、雑誌などでもよく取り上げられます。

その反面、地元独自の宣伝やアピールが弱いのではないですか。

地元としての観光推進の動きはまだまだ不十分です。私が長年、勤めてきたコンベンション（国際会議、大会）の仕事と観光とは関係するところが多く、両者が一体となって外部に宣伝すべきでしょう。外国の観光客や会議参加者を日本へ誘致するには、大変な努力が必要です。

「国際会館」駅の誕生でアクセスが便利になった

世界の各都市との競争ですから激しいものになります。

——海外で京都をアピールする時には、どのように訴えればいいのですか。

今や「フジヤマ」「芸者」のイメージだけを全面に出す時代ではないでしょう。豪華な着物のファッション性は高く、外国人へのインパクトは強いのですが、それは日本紹介のきっかけにすべきです。海外では近代産業や若者文化に強い関心を示しています。それだけに、現代の京都をもっと発信する必要があるのです。

——今後、国際観光を振興するうえで大事なことはなんでしょうか。

観光はソフト産業なので、優秀な人材の養成が第一です。世界に通じる観光のプロ、コンベンションのプロがほしいのです。私は一九六六年に国立京都国際会館に就職して以来、国際会議や国内会議の誘致に尽力してきました。営業部長になってからは毎年、コンベンションの世界組織の総会に必ず出席していました。総会に出れば海外ネットワークの人脈ができ、最新の情報も手に入ります。この経験がいろんなところで役立つのです。

そこで若い人たちには、海外の最前線で学ぶ経験を持ってもらいたいのです。現在は、ありきたりの対応では、とても世界に通用しないことを実際に知ってほしい。国などから若手への支援が必要になっています。

——国立京都国際会館が設立されて、二〇一六年は五十周年です。会館が京都のコンベンションで果たした役割はどうでしたか。

会館の構想は、一九五七年、スイス・ジュネーブでの国際会議に出席した政治家の河野一郎氏の提唱がきっかけです。河野氏が帰国後に「日本にも素晴らしい国際会議場が必要だ」といって、候補地に京都の名を挙げました。その後、他都市との競争の末、京都での建設が決まり、一九六六年の開館になったのです。

開館当初は日本で唯一の国際会議場でしたから、大きな会議の開催はいわば京都が独占状態でした。会議の参加者から周囲の環境、施設ともに素晴らしい、とほめてもらったことを覚えています。現在でも、環境、設備は世界のトップクラスといえるでしょう。多くの人たちのおかげにより、京都で日本のコンベンション時代が始まったといえます。

——これから京都のコンベンションを盛んにするために求められることはなんですか。

現在は京都以外の他都市が国際会議場を持ち、会議の誘致合戦が激しくなっているようです。

それはコンベンションが地域の活性化につながると認められているからです。現に国際会議の開催は観光と相まって、経済波及効果の大きいことがよく知られています。世界各地から政治家、経済人、文化人がやって来ることの意味も大きいといえます。

最近、外から会館の在り方を見ていると、世界各国に負けるものかという、過去にあったハングリー精神が弱くなったような気がします。会館の若手の人たちには積極的な姿勢を忘れないでほしいと思います。

**さわらぎ　しんいち**

1938年、京都市生まれ。同志社大学卒。貿易商社に勤務の後、1966年、国立京都国際会館に就職。1990年、京都コンベンションビューロー事務局長に。1994年、東京国際フォーラム初代総支配人に就任。

コラム

# 国際会議をもっと誘致せよ

京都市左京区の国立京都国際会館へは、会議の取材などでよく通った。大きな国際会議になるとハードワークが続き、館内の記者室で仮眠を取ることもあった。一九九〇年代のことである。当時は記者も会館職員も、みんな若かった。仕事に燃えていた。

一九六六年に開館して二〇一六年で五十年。本館は合掌造りと近代建築との融合というユニークな建物で、比叡山を借景に宝ケ池の近くに立つ絶好の立地にある。日本庭園や茶室は外国人にも喜ばれている。一九八六年、向かいにホテルが建った。一九九七年には地下鉄烏丸線の全線開業で「国際会館」駅が設置され、アクセスがぐんとよくなった。「これで世界の国際会議場に負けないぞ」会館関係者が自信を持った時だ。

開館当初の運営は、他都市を抑えて京都の独壇場だった。これまでの主要な開催会議を見ると、地球温暖化防止会議、国連軍縮会議、ユネスコ世界遺産委員会など。もちろん、国内の学会や総会の会場にもなった。個人的には一九九一年の世界各国のメディア経営者が集まった「国際新聞編集者協会（ＩＰＩ）」京都総会での取材が忘れられない。

国際会議の京都市開催状況（京都文化交流コンベンションビューロー調べ）は、二〇一五年が京都二百十三件、総参加人員約十六万人で過去最高という。だが都市ランキングによる大きな会議開催は東京が一位（八十件）で、京都は二位（四十五件）にとどまる。

二〇一六年は京都国際会館の開館五十年という節目なのに大きな記念事業がないのは寂しい限りだ。夜桜の公開や夏のビアガーデン程度ではいかがなものか。攻めの姿勢が感じられない。近年、国際会議の誘致合戦では日本のライバルが多くなり、アジアでは香港、マカオが急追している。会館関係者の一層の奮起が望まれる。

第七章

# 新しい魅力づくり

# 漢字と漢字文化を楽しみながら学んでもらう体験型の教育施設であり、観光スポットです

漢字ミュージアム館長
高坂節三さん

二〇〇九年に漢検の新しいイメージをみんなで考えました。この議論の中から漢字ミュージアムの建設案が生まれたのです。二〇〇〇年から本部ビルに「漢検漢字資料室」があったのですが、狭いために十分活用できませんでした。そこで充実した漢字の普及・啓発施設を建設することを決めたのです。元弥栄中学の跡地に二〇一五年から建設を始め、二〇一六年六月に開館の運びになりました。開館まで京都市と地元住民のみなさんとの交渉がスムーズに行われ、協力が得られたことを喜んでいます。

漢字ミュージアムは小中学生と家族や修学旅行生を中心的対象にして、外国人を含む観光客にも来てもらいたいと考えています。漢字と漢字文化を楽しみながら学んでもらう体験型の教育施設であり、観光スポットです。

漢字文化を発信する拠点にしたいのです。

一階には一九九五年以来の「今年の漢字」を展示するほか、映像などを使って漢字の歴史を紹介しています。二階はテーマパークのような展示で大人も楽しめます。漢字に関するクイズ

漢字と親しみ、漢字文化の拠点を目指す漢字ミュージアム

や記念撮影ができるスポットを設けています。小学生対象のワークショップなど、いろんな事業も企画しています。

過去に商社で海外勤務をした経験からいいますと、外国語を話す場合もまず日本語で考えています。だから、日本語の基礎として漢字をしっかり学ぶことが大切なのです。漢字だけでなく、文章能力も身につけることが必要です。

最近は各中学を回って生徒たちに、漢字学習の重要性をアピールしています。将来、何のために働くのかと尋ねたうえで「人のために働きなさい」と強調しています。その意味で、漢字ミュージアムを若い世代に役立つ施設にしたいのです。

**こうさか せつぞう**

1936年生まれ。1959年、京都大学卒。伊藤忠商事入社。同社常務取締役、栗田工業取締役会長の後、2009年、日本漢字能力検定協会理事に就任。2015年、同代表理事会長。東京都教育委員、拓殖大学客員教授など歴任。

**漢字ミュージアム**

京都市東山区祇園町南側
電話075(757)8686

インフォメーション

# テーマパークと博物館

京都でテーマパークの草分けといえば、東映太秦映画村（右京区）である。撮影所の維持管理と新たな活用法として「映画村」構想が生まれ、一九七五年に開業した。現在はからくり忍者屋敷や忍者修行道場などの施設があり、忍者ブームを受けて、にぎわっている。オープンセットを見て回ると時代劇の気分が味わえる。

二〇一二年、下京区の梅小路公園内に京都水族館がオープンした。イルカのパフォーマンスが人気の的だ。二〇一六年四月には同公園内に京都鉄道博物館が誕生した。ＳＬやトワイライトエクスプレスの車両を展示するほか、鉄道ジオラマもある。

ユニークな博物館としては、京都国際マンガミュージアム（中京区）や小倉百人一首殿堂・時雨殿（右京区）がある。時雨殿では平安装束を着る体験が楽しめる。

インフォメーション

# 嵐電沿線の名所

某日、嵐電・北野線の「北野白梅町」駅を出発、終点の「嵐山」駅まで各駅周辺の名所をめぐることにした。

次の駅が「等持院」。この寺は隠れた観光名所だ。足利尊氏はじめ足利氏の菩提《ぼだい》寺で、霊光殿に安置された歴代足利将軍の木像は圧巻である。庭園も素晴らしい。

次に「龍安寺」、「妙心寺」を過ぎると「御室仁和寺」に着く。桜の名所であり、徒然草に何度も登場する。「宇多野」と「鳴滝」の間にある桜のトンネルは見事な光景である。電車は「常盤」、「撮影所前」を通って「帷子《かたびら》ノ辻」で嵐山本線と接続する。「有栖川」の次が「車折《くるまざき》神社」だ。神社は芸能の神様で芸能人や芸術家のお参りが多い。次の「鹿王院」は静かなたたずまいの禅宗寺院である。「嵐電嵯峨」を経て「嵐山」に到着。

さあ、嵐山から嵯峨野へ散策を楽しもう。

# 沿線住民の人びとと一緒になって観光資源を掘り起こしたい

嵐電管理部部長
鈴木浩幸さん

嵐電の輸送人員は、ここ十年ほどで微増傾向にありました。二〇一四年度は年間約七百五十万人です。最近、乗客が増えてきたのは外国人観光客が多くなった影響でしょう。

そのおかげで、現在、嵐山周辺は平日も観光客でいっぱいという状態になっています。常連の嵐山ファンからは「人が多すぎて落ち着かない」という不満を聞かされるほどです。お店の経営者も「季節による閑散期がなくなった。店のメンテナンスに手が回らないほど忙しい」といっています。

これまで、乗客を増加させるためにはいろいろと対策を立ててきました。まず嵐山の夜の観光の活性化です。二〇〇二年には嵐山駅の駅舎の半分をリフォームして、照明を工夫し、夜の観光を楽しんでもらえるようにしました。また宝厳院で夜のライトアップと夜間拝観が始まり、渡月橋も夜間照明をするようになりました。お盆の時期には妖怪に扮《ふん》した社員や学生を乗せた「妖怪電車」を走らせて人気を得ています。鎌倉の「江ノ電」と提携して、グッズの共同開発や情報発信の協力を行っています。

四季折々の美しさを求めて
観光客が詰めかける嵐山

鉄道業は何もしないと、先行きが駄目になります。観光客の誘致が重要です。もちろん「安全」「安心」「便利」が前提となります。

利用者の利便性を考えて、二〇一六年四月に「撮影所前」の新駅を造りました。これからは、他の私鉄との結節を改善することが重要な課題です。

外国人観光客に関しては、多言語での対応が必要です。単なる案内だけでなく、もっと深く京都のよさを説明できるようにしたいですね。まだまだ知られていない観光資源があるので、沿線住民の人びとと一緒になって観光資源を掘り起こしたいものです。

**すずき ひろゆき**

1964年、静岡市生まれ。立命館大学卒。教育関連会社に勤務。1991年、京福電鉄に入社。2015年から管理部部長。

**京福電鉄**

京都市中京区壬生賀陽御所町
電話075(801)5315

# 京都観光を計画する際は、ぜひ「温泉」の魅力も加えて考えてください

くらま温泉支配人
近藤　諭さん

鞍馬の温泉は、明治四十四年（一九一一）に採掘されたのが始まりです。当時は硫黄の成分を含む温泉ということで、便秘対策などに利用されたと聞いています。

現在の「くらま温泉」は昭和六十二年（一九八七）からのことです。日帰り客が多く、露天風呂のファンが多いようです。露天は鞍馬山を正面に見て、春ならば桜吹雪に包まれることもあります。この「山の中の温泉」の良さを味わってもらいたいものです。

十年ほど前から外国人客が増えてきたのですが、数年前からは急激に増加しました。今では日本人客から「ここはどこの国だ」といわれるほど、館内は外国人でいっぱいになっています。これには当方も驚いています。

国別にみれば、台湾、シンガポール、中国や米国、フランスなどのお客さんが多いのです。皆さんは日本の文化や習慣をよく学んで来日されているようです。入浴のマナーがよく、浴衣をきちんと着ています。以前は入浴するのに「水着はないか」という人もいましたが、最近はそんなことはありません。

野趣あふれる「くらま温泉」の露天風呂

ただ外国人が多くなってくると、日本人客が圧倒されてしまう向きがあるようです。温泉側では、英語など外国語での対応がまだ不十分で、課題になっています。

今でも「京都に温泉があるのですか」と聞かれます。最近は全国の温泉地の宣伝攻勢が激しくなって、もう京都の名前にあぐらをかいているわけにはいきません。

そこで嵐山や大原など十八の温泉施設が二〇一五年秋、「温泉観光活性化協議会」を設立して、宣伝の一本化を始めました。すでにホームページを立ち上げ、チラシなども作っています。京都観光を計画する際は、ぜひ「温泉」の魅力も加えて考えてください。

**こんどう さとし**

1969年、京都市生まれ。2000年、くらま温泉に入社。2004年から支配人。

**くらま温泉**

京都市左京区鞍馬本町
電話075(741)2131

インフォメーション

# いい湯だな

温泉に肩までつかって、のんびりと。露天風呂からの眺めも素晴らしい。「ああ、極楽、極楽」の声も出る。温泉は最高の娯楽であり、健康の増進にもよい。温泉の歴史は古く、『日本書紀』や『万葉集』に温泉関連の記述がある。日本で最古の温泉宿が山梨県・西山温泉の慶雲館だ。創建が七〇五年の飛鳥時代というから古いことは間違いない。ギネス社から「世界最古の温泉宿」に認定されている。戦国時代には、武田信玄や上杉謙信らの武将が温泉をよく利用し、甲州には「信玄の隠し湯」があちこちに残されている。「いい湯だな」の歌（デューク・エイセスとドリフターズ）がはやった一九六〇年代以降、温泉は旅行の重要な目的になった。現在も温泉は老若男女に愛され、最近は若い女性のファンが多くなってきた。

先の「いい湯だな」の歌には、草津、伊香保、万座、水上、登別、南紀白浜、別府の各温泉が読み込まれている。日本三大温泉といわれるのは「有馬、草津、下呂」である。

筆者は過去十年間に全国の温泉地をめぐり、著名な温泉はほぼ入湯したと自負する。しかし、知り合いの弁護士さんは既に千湯めぐりを達成、現在は二千湯を目指すというから「温泉の達人」には到底かなわない。

私のお気に入りの温泉を挙げてみる。

湯瀬温泉（青森・和心の宿姫の湯）
蔵王温泉（山形・蔵王プラザホテル）
宝川温泉（群馬・汪泉館）
水上温泉（群馬・水上館）
四万温泉（群馬・四万やまぐち館）
上諏訪温泉（長野・華の井ホテル）
別所温泉（長野・花屋）
鹿教湯温泉（長野・つるや旅館）
下呂温泉（岐阜・水明館）
山中温泉（石川・吉祥やまなか）
和倉温泉（石川・湯快リゾート金波荘）
南紀勝浦温泉（和歌山・ホテル浦島）
白浜温泉（和歌山・ホテルシーモア）
玉造温泉（島根・旅亭山の井）
別府温泉（大分・別府湾ロイヤルホテル）
由布院温泉（大分・ゆふいん山水館）

# 京都の暮らしを感じ取りたいという観光客のニーズに応える

らくたび代表取締役
山村純也さん

「らくたび」の特徴は現地の旬のネタを取り上げることです。リピーターを増やす対策として普通の有名観光地を回るツアーではなく、より深い地元情報を提供しています。例えば、市民の生活空間である路地裏の散策などです。京都の暮らしを感じ取りたいという観光客のニーズに応えるコースといえます。専門性を高める工夫もしています。非公開寺院に交渉して普段は公開していない仏像を見せてもらうことです。

最近の京都への観光客は総体として伸びていますが、日帰り客が七割と多く、あまりお金が地元に落ちていません。宿泊客の少ないことに、どう対応するかが大きな課題です。観光シーズンになるとホテルや旅館は満員状態なので、宿泊施設を増やす必要があります。これまで観光客を増やすことに努めてきましたが、観光の質はどうなのか、見直すべき時が来ているようです。

長年、冬と夏の観光客が少なく、その対策が問題となっていました。今は、ゆっくりと回れるということで、冬の観光が伸びています。夏はまだまだでしょう。「京の七夕」などの催し

京町家に事務所を置く
「らくたび」

が行われるようになったので、これからが大切です。

　京都の食事が高いといわれますが、やはり和食の要望が多いのです。

　京都らしい風情がある町家のレストランで家庭料理の「おばんざい」を出せば、比較的リーズナブルな値段で食事かでき、お客さんの満足度が高いようです。私たちは、こういう店の開拓に努めています。

　らくたびは、文庫本サイズの京都本を約六十冊出版しています。観光の際、ポケットに入れて巡回してもらいたいという狙いです。庭園、仏像などテーマに分けて一冊にまとめています。幸い好評なので、喜んでいます。

**やまむら じゅんや**
1973年、京都市生まれ。立命館大学卒。大手旅行会社などに勤務の後、2006年、「らくたび」を設立。現在は築80年を超える町家を事務所として使用する。

**らくたび**
京都市中京区蛸薬師通高倉西入ル
電話075(257)7320

インフォメーション

# 京都本ブーム

戦後、何度目かの京都本ブームが起きている。各書店では売り場に京都本コーナーを特設する。この時流に遅れてはなるまいと、俳優やタレントも執筆陣に参戦。辰巳琢郎、船越英一郎、羽田美智子、山村紅葉、杉本彩、石田ゆり子の諸氏だ。失礼ながら、内容はあまり面白くない。餅は餅屋にお任せあれ。

京都本は京都人がかなり多くを買っているらしい。自らのアイデンティティーを確かめるためとか、自己愛に似た感情からといわれる。以前、京都人ナルシスト説を聞いたことがある。

「日本に、京都があってよかった。」のコピーは気持ちが悪い。京都人の傲慢《ごうまん》不遜の表れか。他の地方の人が評価するならまだしも、自画自賛とは情けない。「小京都」の表現も気になる。京都が「大京都」で偉いといいたいのだろうか。

インフォメーション

# 観光客に人気の京町家

最近の京町家は、観光客の人気を集めている。古い町家がカフェ、レストラン、ブティックなどに変身しているからだ。そのおかげで一時は存続を危ぶまれていた町家が、何とか生き残ることになったわけである。もっとも、地域としての町家群はほとんどなく、一部で面としての街並みを見せるだけだ。

京町家は一般に木造二階建て。間口が狭く、奥行きが長いことから「うなぎの寝床」という。外観は格子戸、出格子、虫籠窓《むしこまど》、犬矢来、ばったり床几《しょうぎ》などが特徴だ。内部には通り庭、坪庭があり、おくどさん（かまど）を持つ。

二〇一〇年の京都市調査では、約四万七千軒の町家が残っていたが、うち一割が空き家だ。所有者は多くが高齢者であり、世代交代による継承が難しいようだ。相続税対策や高い維持費が町家保存の課題である。これからどうするかは、市民の取り組みにかかっている。

# 若い人たちと共同して、観光ビジネスを立ち上げることが大切です

フラットエージェンシー
取締役会長
吉田光一さん

いろんな方と不動産の相談にのる中で、地域の住民が自由に使える多目的スペースを店内に造ることを考えました。二年前から「ＴＡＭＡＲＩＢＡ（たまりば）」と名付けて運営しています。

このサロンは、美術展、音楽会、語学教室などで使ってもらっています。喫茶コーナーや、理容室を併設したのは、サロン利用者の利便を考えたからです。外国からの研究者や留学生も出入りしてにぎやかな場所になっています。

過去にロンドンで生活したことがあり、国際観光に興味を持っています。日本への外国人観光客が多くなってきましたが、将来は、さらに増えると考えています。そのためには、海外への情報発信を充実させる必要があります。

観光客の増加に対応するには、宿泊先を増やすことが急務です。このままでは到底、ホテルや旅館が足りません。民泊を進めるための規制緩和がほしいのです。

京都観光では、どうやってリピーターを増やすかが急務になっています。観光客が単に名所

各種のイベントが行われる
「たまりば」

旧跡を回るだけでなく、伝統工芸などを自分でやってみる体験型の観光をもっと広げてほしい。今は若いアーティストたちが積極的に情報発信をしているので期待できます。いろんな伝統工芸を盛んにして、京の町を盛り上げようとしているのです。

京都には、まだ知られていない観光の魅力がたっぷり残っています。新しい旅行プランが企画され、お寺を巻き込んだイベントなども行われています。

若い人たちと共同して、観光ビジネスを立ち上げることがとても大切です。この若い力を結集すれば、これからの京都は大きく変わっていくでしょう。

今後の活動は、地域社会の活性化を目指して、京町家の復活など、いろんな行動に挑戦していきたいと考えています。

---

**よしだ こういち**

1950年、横浜市生まれ。高校卒業後、約1年半、世界各地を旅行、ロンドンに長期滞在。1974年、フラットエージェンシーを創業。同社社長の後、2015年から同社会長。日本賃貸住宅管理協会理事。

---

**TAMARIBA（たまりば）**

京都市北区北大路通堀川西入ル
電話075(431)2244

# 第八章

# 観光ボランティア

# 交流が広がり、京都の魅力の再発見につながれば嬉しいのです

まいまい京都代表
以倉敬之さん

「まいまい」とは、京ことばで「うろうろする」意味です。「まいまい京都」は、京都のミニツアーを案内する団体です。一コースが二―三時間で一・五キロから二キロを歩きます。定員十五人から二十人のグループで活動しています。

会の特徴は、総勢約百人のガイドにあります。大工や庭師、呉服店主、占い師などバラエティーに富み、それぞれが自分の住む地域や仕事について、歩きながらじっくりと説明します。従来の京都観光とは、かなり異なったユニークなコースばかりです。

二〇一一年三月、京都ユースホステル協会と協力して会を立ち上げました。当初は約三十コースだったのが、現在は約二百十コースに増えました。ガイドの方々は、地域や仕事に対する強い愛情をもっています。ガイドをするのは初めてという人が多いのですが、人によっては独自の資料をつくったりして分かりやすい説明を工夫しています。

そのおかげか、リピーターの姿が目立ちます。一人での参加が全体の約八割で、女性が約六割です。地域別にみれば、京都の人が五割を占め、次いで近畿の他府県からが三割、東京、愛

知が二割の比率です。

京都には都市としての多様性があります。それが魅力です。長い歴史の積み重なりがあり、その中にいろんな人がいて、いろんな生活や物語を作ってきた。魑《ち》魅《み》魍魎《もうりょう》がいるかもしれない。これが面白いと思います。

京都は東京や大阪に比べれば、町の広さが比較的狭く、職住接近の暮らしが可能です。そのせいか、前近代的な暮らし方がまだ残っていて、長い年月に培った習慣を尊重する住民が多いようです。私たちの活動で参加者とガイド、参加者同士の交流が広がり、京都の魅力の再発見につながれば嬉しいのです。

---

**いくら たかゆき**

1985年、大阪府泉南市生まれ。16歳の時にライブハウスの運営会社に勤務。21歳でイベント企画会社を立ち上げ。後に大阪から京都へ転居、2011年にまいまい京都を設立。

---

**まいまい京都**

京都市右京区太秦中山町
京都ユースホステル協会内
電話075(462)2312

インフォメーション

# まちなか観光

従来の有名社寺をバスやタクシーなどで回るのではなく、歴史や文化、暮らし方に触れるために散策する観光の在り方をいう。もともと京都市は、町全体が歴史の宝庫といえる特徴がある。車に乗って眺めるだけでは、隠れた名所旧跡を見過ごすことになる。のんびりと市内を歩くことで、古い歴史や文化の一端を実感することができる。定番の社寺観光だけでは満足できないリピーターには、「自分だけの観光コース」を楽しむ喜びがあるだろう。

近年、自治体などが「まちなか観光」の観光案内所や情報センターを設置してアピールに努めている。

京都市内でも一部のコンビニや喫茶店の店内に「まちなか観光案内所」を設けて、店員が観光や交通関連の情報を提供している。しかし、観光客への周知度が

桜をバックに散策する「まいまい京都」の参加者

いまひとつ。もっと利用されるよう、宣伝が必要だろう。

参考までに、定番の社寺観光だけでなく、テーマを広げている「まいまい京都」の個性的なツアー（二〇一六年春）を紹介したい。
▽太秦の撮影所めぐり
▽京都最大の古墳などをめぐる
▽冥界へ続く千本通を歩く
▽占い師とパワースポットを歩く
▽古美術品ツアー
▽繁華街に潜む魔界
▽山鉾町を歩く

# 人が多くなると活気が出ますが、半面では京都の良さが損なわれる気がするのです

京都観光文化を考える会・都草前理事長
坂本孝志さん

今、危機感を持っています。京都の観光地は人であふれ、外国からの観光客も多いようです。だが本来の観光の在り方が失われています。そういう心配の危機感です。

例えば、外国人に人気のある伏見稲荷大社は、かつて人が少なく、不気味なイメージがあり、歴史の深さを感じさせました。現在はそうではないでしょう。清水寺や嵐山などでも同じことです。観光客が増えるのは結構ですが、長期的に見れば衰退します。

人が多くなると活気が出ますが、半面では京都の良さが損なわれる気がするのです。政府が観光立国の方針を掲げ、経済発展を目標にするのはよいでしょう。しかし、観光の本質がなくなっては、どうしようもありません。この不安を京都人は感じています。

都草は京都検定一級に合格した人たちが中心になって、二〇〇七年にＮＰＯ法人として設立しました。現在の会員は二十代から八十代までの約四百人で、六十歳以上の高齢者が主力です。定期的な活動は、社寺での清掃や歴史探訪会、研究発表会、観光ガイドなどです。

観光ガイドは、歴史的建物や史跡について説明することが中心です。個人的には歴史に隠れ

ている路地裏や山奥を観光客に知ってほしいと思います。歴史には光と陰の両面がありますが、この陰の部分から、人間の生きざまを調べるのが実に面白いのです。

活動には、地位や名誉や利益は全く関係ありません。「京都」をテーマに互いがつながっているだけです。

現代は、高齢者をマイナスのイメージでとらえることが多いようです。以前、会の活動で高齢者が小学生と一緒に百人一首をしたことがあります。楽しい機会であり、若い世代への文化の継承にもなると思いました。教育や観光面で高齢者の力をもっと生かすべきです。

**さかもと　たかし**

1945年、札幌市生まれ。2005年、社団法人・京都微生物研究所を定年退職。2007年、都草理事長に就任。2016年、理事長を退任。京都検定１級合格者。

**都草**

京都市上京区下立売通新町西入ル
京都府庁旧本館２階
電話075(451)8146

インフォメーション

# 歌の力で観光振興

デューク・エイセスが一九六六年に発売した「女ひとり」は、ご当地ソングとして爆発的なヒットをした。

この歌が発表されてから数年間は、歌詞に出る大原三千院や栂尾高山寺付近で若い女性の一人旅が目立った。嵯峨野の小庵では思い出ノートに失恋の悲しみをつづる女性も多かった。京都は失恋者が癒しを求めて来る町なのか。当時は歌のおかげで京都への女性観光客が増えたようだ。

一方、一九六〇年代から七〇年代にかけては、京都がフォークソングの拠点になっていた。加藤和彦、北山修、高石ともや、杉田二郎らが活躍した。当時はフォークソングに限らず、いろんな若者文化が京都から全国に発信された。

ヒット曲の音楽は京都に若者たちを引き寄せる力を持つようだ。「夢をもう一度」と願う。

インフォメーション

# 京都を舞台にする映画

京都には戦後の映画黄金期に東映、大映・松竹の撮影所があり、多くの映画が作られた。現在は、東映と松竹がテレビドラマなどを中心に製作するが、寂しい限りである。京都を舞台にする名作を紹介する。

▽一九五〇年『羅生門』大映・黒澤明監督、三船敏郎、京マチ子
▽一九五三年『地獄門』大映・衣笠貞之助監督、長谷川一夫
▽一九五五年『新・平家物語』大映・溝口監督、市川雷蔵
▽一九五六年『夜の河』大映・吉村公三郎監督、山本富士子
▽一九五八年『炎上』大映・市川崑監督、市川雷蔵
▽一九六一年『小早川家の秋』東宝・小津安二郎監督、中村雁治郎、原節子
▽一九六二年『雁の寺』大映・川島雄二監督、若尾文子
▽一九六三年『五番町夕霧楼』東映・田坂具隆監督、佐久間良子
▽一九八二年『蒲田行進曲』松竹・深作欣二監督、松坂慶子

## 最近は観光客のマナーが悪くなっているので困ります

京都SKY
観光ガイド協会会長
眞鍋正己さん

協会は、一九九三年に「ねんりんピック京都大会」が開かれたことに合わせて設立されました。もともと高齢者の生きがい事業として始まりました。

現在の会員は六十代から七十五歳までの約百四十人で、近く二〇一六年度採用で四十人が増える予定です。修学旅行生や一般観光客を対象に社寺などへの案内をしています。京都市観光協会が企画する「冬の旅」や「夏の旅」のお手伝いのほか、葵祭、祇園祭、時代祭の観客に対する誘導案内も行っています。

修学旅行生などの案内では、モデルコースを紹介しますが、最終的には相手先にコースを選んでもらっています。長年の傾向ですが、やはり清水寺、金閣寺、銀閣寺、東寺、北野天満宮などの有名社寺を回るコースが多いようです。団体客に関しては、二十人に対してガイド一人がつくようにしています。

ガイドになるには半年間の養成講座を受ける必要があり、週一回の座学のほか現地研修もあり、なかなか大変です。ここで建築や仏像、庭園、絵画などについて学ぶほか、文化財保護の重要性を認識するわけです。

最近は観光客のマナーが悪くなっているので困ります。あちこちでごみを捨てたり、立ち入り禁止の庭の中に入ったりする人たちがいるのです。ツアー会社がきちんと観光客にマナーを教え、行政も積極的にアピールする必要があるでしょう。

観光地周辺の交通渋滞は深刻になるばかりです。清水寺周辺の東山通や金閣寺、嵐山付近は大渋滞を起こしています。観光バス用の駐車場も少ないのです。「何とかならないのか」と観光客がガイドに苦情をいうこともあります。市バスの路線をもっと分かりやすく、便利にすることも大切な問題です。

**まなべ まさみ**

1946年、京都市生まれ。立命館大学卒。中堅ゼネコンに勤務。2006年に定年退職後、協会に入会。2015年5月から会長。

**京都SKY観光ガイド協会**

京都市中京区烏丸通丸太町下ル
ハートピア京都２階
電話075(221)1516

# 京都は自然とともにあり、暮らし方の知恵が重なっている町です

遊子庵代表
高嶋加代子さん

京都には日本の大事なものが多く残っています。外国の人たちが京都へやってきて、お互いに分かり合えることは素晴らしいことです。ただ外国人の受け入れに慣れていないところがあり、外国観光客が日本の何を求めているか、よく調べた方がよいでしょう。

最近の京都の街並みは、他都市との差がなくなってきました。伝統の町家も消えていっています。京都らしい景観がなくなるのは、寂しいことであり、もったいないことだといえます。もちろん、町家をしっかり守っているところもあります。

わたしたちは二〇〇八年五月、築百三十年の町家を借りて遊子庵を開設しました。一階の内部は竹の建材で改装し、「竹の間ギャラリー」になっています。十団体が参加して、音楽や食文化などのテーマで講座やイベントを行っています。

遊子庵は、多くの人が集まる場をほしいと思ってつくりました。お互いの顔がよく見える場所で、ぬくもりを伝え合えることが大事なのです。情報交換することにより、新しいものを生み出すきっかけができます。

大学の夏期集中講座で学生が学ぶ（遊子庵）

町家は伝統的スタイルを残しながら、いろんな住み方の工夫ができる場所です。昔ながらの住み方に、新しい形を加える人もいるでしょう。合理的な間取りで、いろんな知恵が感じられます。町家をぜひ残してほしいと思います。

もともと京都では明治期に市民たちが小学校をつくり、強い地域社会の結びつきがありました。今後、地域のつながりが将来に発展する活動を続けていきたいと考えています。

京都は自然とともにあり、暮らし方の知恵が重なっている町です。京都へ来て、時には鴨川で朝日を眺め、また西山の夕日を見て、心の平安を得てもらいたいのです。

**たかしま かよこ**

京都女子大学短期大学部卒。教育図書の編集部の後、地域情報誌に勤務。京都コミュニティ放送理事。遊プロジェクト京都理事長。京都造形芸術大学非常勤講師。

**遊子庵**

京都市中京区室町通御池上ル
電話075(203)1956

インフォメーション

# 夕日が美しいスポット

京都市左京区の金福寺《こんぷくじ》から眺める夕日は最高の美しさだ。一見の価値がある。金福寺は俳句にゆかりの深い寺だ。松尾芭蕉が滞在したといわれ、与謝蕪村とその一門が一七七六年（安永五年）に芭蕉庵を再建。幕末期に井伊直弼と親交のあった村山たかが尼として入寺している。芭蕉庵からは市街が一望できる。境内には蕪村をはじめ多くの俳人の墓がある。近くの詩仙堂も見所が多い。

京都市北区の常照寺は、夕日に映える紅葉が素晴らしい。本阿弥光悦ゆかりの寺であり、境内には吉野太夫の墓がある。桜の季節も絢爛《けんらん》たる美しさで、吉野太夫花供養が催されている。常照寺のある鷹峯一帯は江戸時代の一時期に「光悦村」と呼ばれ、画家や陶芸家らが住んでいた。近くにある源光庵、光悦寺もぜひ訪れてほしいお寺だ。

インフォメーション

# 高齢者ボランティア

知り合いの吉田元比古さんは、八十歳を過ぎてからボランティア活動を始めた。観光関係でも、年配者でボランティアとして活躍する人が多い。観光ガイドや通訳などで観光客を支えている。直接、話を聞いてみると、生き生きとしていて高齢を感じさせない。「生活にリズムができる」と喜んでいる人がいる。若い修学旅行生に社寺の故事来歴を説明するのは「孫に話しているようで、実に楽しい」というボランティアもいた。

吉田さんは発展途上国の女子教育のため、寄金を集めて途上国に送っている。東京五輪をひかえて各所で英会話の無料講習も行っている。

「六十の手習い」というが、新たな勉強やボランティア活動は、いくつから始めても決して遅くはない。吉田さんを見習って「かくありたい」。

# 国際観光を推進するためには、もっとボランティアを積極的に活用すること

アジア協会
アジア友の会
吉田元比古さん

京都の観光について、マスコミが「観光客が増えた。すごい、すごい」ともてはやしすぎです。もっとクールな分析がほしい。数字だけで表現するのでなく、詳しく観光の実態を伝えるべきです。

日本への外国人観光客は欧米が少なく、アジアからが多いようです。特に中国、台湾、韓国からのお客が目立っています。このアジア人のマナーが悪いのです。土産物店でサンプルを一人が一皿をみんな食べてしまうようです。そして、土産は何も買いません。市バスの中で年寄りが来ても席を譲りません。そんな光景をよく見ました。

アジア各国は観光客を海外へ出す際には、きちんとルールやマナーを教えるべきです。日本の観光業者も外国人観光客にペコペコするだけではなく、時には「それはおかしい。そんなことはやめてくれ」と注意すべきでしょう。それが正しい商業道徳です。

私は長年、京都で英語学院を主宰してきました。二〇一四年に約五週間、入院した際に「人生とは何なのか」を改めて真剣に考えました。退院する時に「世のため人のために尽くせ」と

いう声を聞いた気がしました。それは多分、私だけに聞こえる声だったのでしょう。それ以降、発展途上国の女子教育を支援する「アジア友の会」の活動を続けています。

現在、京都へ来る外国人の観光客は中国人が急増していると聞きます。それなら、外国人に対応する時、英語がしゃべれるだけでは不十分でしょう。早急に中国語の話せる人材を養成しなければなりません。

今後、さらに国際観光を推進するためには、通訳業務などでもっとボランティアを積極的に活用することが必要です。

**よしだ もとひこ**

1935年、群馬県富岡市生まれ。同志社大学卒。ホテル勤務の後、YEA国際学院を開設、長年、英語教育を指導。全国の五大学でも非常勤講師を務めた。京都経済同友会常任幹事など歴任。

# 第九章

# 新しい観光

# 外国人は日本の日常生活を知りたいと思っているようです

京都青果合同
取締役名誉会長
内田昌一さん

今では「京野菜」は全国的によく知られるようになりましたが、ブランドとして認められるには大変な努力があったのです。私は京野菜を育てる会を結成して二十年間、取り組んできました。京野菜は、聖護院大根、賀茂なす、九条ねぎなど約四十種類に上ります。おいしいことが第一の特徴で、このブランド力を大事にすることが大切です。

京野菜の栽培を続ける上では、農家の後継者をどうして確保するかが、問題になっています。幸い、京都府南部では後継者が育っているようです。京都市北部では、栽培農家がそれぞれの野菜の味にこだわり、料理屋と直接、契約を結んでいるところもあります。

この京野菜が観光客に喜ばれているのは、嬉しいことです。

現在の外国人観光客は中国などアジアからが多いのですが、さらに欧州からの観光客を増やしたいものです。以前、イタリアのフィレンツェを訪れて、「ぜひ京都へ」とアピールしました。しかし、日本人がイタリアへ観光旅行しても、逆にイタリア人を日本へ誘致するのは、経済的に大変なことだと感じました。

外国人は日本観光で何を求めているのでしょうか。

純朴な日本人と交流したいと願い、日本の日常生活を知りたいと思っているようです。この点では、外国人に人気のある日本料理教室などに参加してもらえばいいのではないですか。お寺での座禅や精進料理の体験など、いろいろな観光コースを整える必要があります。

富裕層向けの高級ホテルをもっと増やすことが大切です。観光地の点と点を結んで線から面に広げるべきです。さらに異業種交流で立体化してもらいたい。これには行政の支援が不可欠でしょう。

**うちだ まさかず**

1931年、京都市生まれ。同志社大学卒。1955年、京都青果合同に入社。1975年、社長。後に会長、名誉会長。京都経済同友会代表幹事、京都商工会議所副会頭など歴任。京都市体育協会会長。10年以上、カンボジアの子どもへの経済支援を続ける。

**京都青果合同**

京都市下京区朱雀分木町市有地
電話075(315)8211

インフォメーション

# 「稼げる観光」を目指せ

観光は経済波及効果の裾野が広い産業である。主なものに観光客が消費する宿泊費、食費、交通費、お土産購入費など。日本の人口が減少する時代に入っただけに、国内消費の減少を外国人観光客の消費で補おうという考え方が出てきた。観光庁の調査（二〇一四年）では、訪日外国人の消費額は二兆二千億円に上るから観光は大変な産業である。外国人観光客が日本の文化に触れ、和食を食べて「日本ファン」になってくれれば、将来の海外ビジネスなどにも役立つだろう。

近年は地方各地で「稼げる観光」を目指す動きが活発になっている。地域の魅力を内外へ発信して、観光客を誘致する作戦である。

二〇二〇年の東京五輪に向け、この動きに拍車がかかるだろう。京都人も遠慮をせずに、「稼げる観光」の工夫をすべきだ。

インフォメーション

# 「新しい観光」に挑戦

最初に簡単なクイズ。次の用語の意味を答えてください。解答は最後にあります。

問題は①インバウンド②FIT③VFR④JNTO⑤MICE

昔は観光といえば、物見遊山の旅だった。お伊勢参りや四国八十八カ所めぐりのような巡礼の旅もあった。現代は観光のジャンルも大きく変わる。ニューツーリズムの流れだ。従来の「文化観光」を進めた形や企業を見学する「産業観光」があり、映画やドラマの舞台をめぐる「スクリーン・ツーリズム」、医療サービスを求める「メディカル・ツーリズム」、「スポーツ・ツーリズム」も注目される。世界レベルの観光ブームにどう答えるか、現代の挑戦だ。

解答は①訪日外国人②個人旅行③友人親族訪問④日本政府観光局⑤会議、企業の報奨・研修旅行、国際会議、展示会の略語

# 京都に来る欧米の観光客は、古い、歴史的な町に興味を持っています

大垣書店代表取締役
大垣守弘さん

最近はよく「京都本」ブームといわれますが、これは一時的なブームではありません。「京都の文化を体験したい」という人気の表れで、以前からじわじわと続いている現象です。雑誌は秋になると、必ず「京都特集」を出します。多い時は十誌にもなりますが、この「京都特集」を喜ぶのは東京人です。

わが社を免税店にしたのは、外国人観光客向けの対策です。書店が許可を取るのは珍しいようで担当の税務署員が驚いていました。

京都に来る欧米の観光客は、古い、歴史的な町に強い興味を持っています。そのため、京都を深く紹介する写真集などがよく買われます。でも、お寺や仏像関係が人気のようです。一方、神戸の店ではＡＫＢなど日本人アイドルやＪポップスのＣＤやアニメ本、漫画を買う外国人が多いのです。

京都はしっとりとした街並みが魅力です。四条花見小路に外国人が詰めかけている現状を見ると、少し不安になります。道路いっぱいに広がって写真を撮る、芸舞妓の着物に触わるなど

のマナーの悪さは困ったことです。それだけに、落ち着いた町をどう守っていくかが、将来への問題ですね。

欧米人も静かな町としての京都を望んでいるのでしょう。最近は町中を歩いたり、自転車で市内を回る外国人が増えています。安い居酒屋に外国人がいっぱいという店もあります。

外国人団体客の「弾丸ツアー」といわれる旅行の形は、今後、少なくなるでしょう。東京、京都、大阪と、あわただしく回るのではなく、より質の高い旅行の中身を求めることが多くなるはずです。その点では、着物や伝統の小物業界で若手が頑張っている現状は嬉しいことです。今後の観光にもつながるでしょう。

**おおがき　もりひろ**

1959年、京都市生まれ。立命館大学卒。卒業後、大垣書店へ。40歳で社長に就任。京都商工会議所議員。京都経済同友会幹事。

**大垣書店烏丸三条店**

京都市中京区烏丸通三条上ル
電話075(212)5050

# 京都には絵になる風景がたくさんあるのです

JR東海観光開発
グループリーダー
迫田俊明さん

ＪＲ東海の京都観光向けの広告キャンペーンは、平安京遷都千二百年の節目になる一九九三年秋から始めました。「そうだ　京都、行こう。」です。

最初のポスターは、清水寺の夕景の写真に「パリやロスにちょっと詳しいより　京都にうんと詳しいほうが　かっこいいかもしれないな。」というコピーを付けました。その後、二十年以上も同様のキャンペーンを続けています。

新幹線でお客様を首都圏から京都へ運ぼうというイメージ戦略でした。対象は京都の社寺で、春秋の季節を中心に絵はがき的な美しさを狙いました。「私にとっての京都」を感じてもらえるように考えたのです。もともと、京都には文化的、歴史的な魅力があって多くの人を引き付けます。その力が非常に強く、絵になる風景がたくさんあるのです。それが長年、京都キャンペーンを続けられた理由でしょう。

日本人は、本能的に「いいなあ」「懐かしいなあ」というところを京都に見出すのではないですか。誰もが京都との深い関係性を持っているようです。

東海道新幹線（東京─新大阪間）の中で京都は重要な位置を占めています。一日の乗車人員が約三万五千人で、近年は微増傾向になっています。新幹線の利用客は比較的にビジネス目的が多いので、観光目的の乗客をどのようにして増やすかが課題です。特に外国人観光客の利用を増加させるよう取り組んでいます。

二〇一六年六月からは新シリーズを始めました。「そうだ 京都は、今だ。」です。文化、芸術に焦点を当てたもので、第一回は大徳寺聚光院の国宝・狩野永徳筆「花鳥図」を紹介しています。これからも新シリーズで京都の魅力をもっと引き出していきます。

**さこだ としあき**

1974年、東京都生まれ。慶応大学卒。1997年、JR東海に入社。2014年、関西支社関西広報室長、2016年7月から現職。

コラム

# 交通体系の抜本改革

「マイカーによる観光を拒否します」――。一九七三年、京都市の船橋求己市長（当時）がユニークな宣言をした。マイカー観光の急増で騒音、排気ガス、交通事故などの「車公害」に市民の不満が大きくなり、市が打ち出した対策だった。これには当初、観光業者らが反発。「観光に来てくれ。しかし、マイカーはお断りというのは失礼では」と、市民から反対の声もあった。宣言の前提には、京都市南部に大駐車場を造り、駐車場に観光客のマイカーを止め、シャトルバスで市中心部へ観光客を運ぶシステムを考えていた。パーク・アンド・ライド方式である。ところが、大駐車場は建設されず、宣言は「いうだけ」に終わった。

その後、マイカー観光は徐々に減り、入洛客のうちマイカー利用者は一九九四年には41・7％（京都観光総合調査）になり、これが二〇一三年には15・1％に減少、さらに二〇一五年には6・3％まで急減した。

ところが、市内各所の交通渋滞は依然として解消していない。特にひどいのは、清水寺、金閣寺付近や嵐山周辺である。今や交通渋滞は常態化しており、渋滞地域の市民は半ばあきらめ顔を見せる。

近年、渋滞緩和のため市内各所に駐車場が設置されたが、焼石に水の状態だ。特に大型観光バスの駐車場不足が深刻である。やはり、大駐車場をつくって車をさばかないことには渋滞は解消しないだろう。

さらなる課題は、市バス路線の複雑さ。これは一向に改善されない。外国人観光客から「利用しにくい」という不満が出るのも当然だ。

一方、四条通は歩道拡幅で交通渋滞がひどくなったのではないか。お年寄りからは「タクシーの乗り降りが不便」との声があり、歩道拡幅後に「買い物客が減った」と嘆く店主もいる。最終評価はまだ出せないが、今後のためにも効果の検証が必要だろう。

# イタリアが持つ素晴らしいファッションセンスや美的感性を学び取ってもらいたい

フクナガ代表取締役会長
福永晃三さん

京都市が二〇〇〇年に「観光客五千万人構想」を発表して以来、京都の観光は上昇気流に乗り、八年後には目標を達成しました。市が「構想」を宣言した際、京都商工会議所は「できることはないか」と注目し、私たちも考えました。当時、外国人観光客からは「京都は何でも高い」「店員は無愛想」などと評判が悪かったので、「おもてなし」の強化に取り組みました。二〇〇四年からは「京都・観光文化検定試験」をスタートさせたところ、初年度は一万人以上の受験者が集まる人気でした。

現在の京都観光の課題は、観光客が一部の場所に集中しすぎることです。これからは、観光地の人出を分散させ、家族連れや小グループがゆっくりと楽しめる観光の環境を整備する必要があるでしょう。

観光問題を考える場合は、国際交流の視点が必要です。私はこれまで、京都とイタリアのフィレンツェとの交流に努めてきました。京都市とフィレンツェ市は一九六五年に姉妹都市提携を結び、二〇一五年には提携五十周年の記念事業が数多く行われました。

ミケランジェロ広場からは
フィレンツェ市街が一望できる

フィレンツェの魅力は今なお、中世都市の面影を残し、町全体が博物館という文化都市であることです。市民の意識は保守的で、古い文化を大切にしています。伝統産業を大事にして、ものづくりに従事する職人や経営者には敬意を払っています。

京都との関係は文化面だけでなく、経済交流を強く望んでいるようです。これまでミッションを(使節団)を組んでフィレンツェを訪れましたが、そのたびにイタリア側の熱意を感じました。今後は、若い人たちが中心になって経済交流を積極的に進めてほしいのです。民間レベルの日常のお付き合いを着実に続けることが重要です。イタリアが持つ、素晴らしいファッションセンスや美的感性を学び取ってもらいたいものです。一つの成功例ができると、それが波及します。若手がまず第一歩を踏み出すことを望んでいます。

**ふくなが こうぞう**

1939年、京都市生まれ。同志社大学卒。アートコーヒー勤務の後、リプトンに入社。1982年、フクナガ代表取締役社長。2009年、同会長。現在、リプトン、かつくらなどを経営。京都商工会議所監事。京都経済同友会常任幹事。

**フクナガ本社**

京都市中京区高倉通御池上ル

電話075(221)0593

コラム

# イタリアの古都の魅力

イタリアのフィレンツェ。高台にあるミケランジェロ広場からは市街地が一望できる。

中央で存在感を示すのがサンタ・マリア・デル・フィオーレ大聖堂。町のシンボルであり、どこからでも眺められる。観光客が市内で道に迷っても、大聖堂を探せば自分の位置が分かるのは嬉しいことだ。

十五世紀のルネサンス発祥の地であり、街中が美術館といえる。レオナルド・ダ・ヴィンチ、ラファエロ、ダンテらが、ここで活躍した。その歴史の場にいると思うと、体中がぞくぞくする。三十歳の時、初めて訪れた時の感覚である。この街の魅力に取りつかれ、訪れるたびに新しい発見をしてきた。

シニョール広場、ヴェッキオ宮殿など観光名所は多い。最高の見どころがウフ

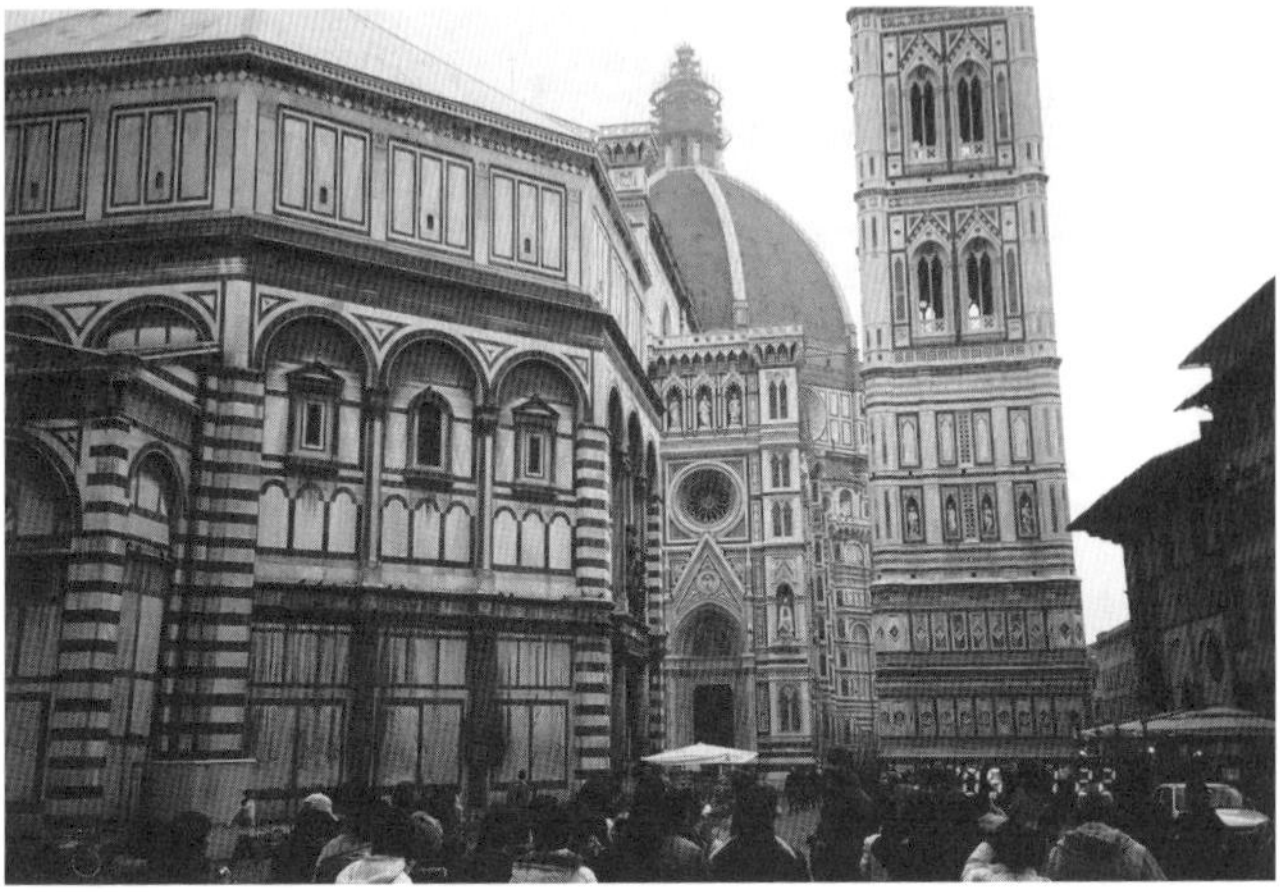

フィレンツェ市の中心部にある大聖堂

ィツィ美術館だ。館内には教科書で見た作品がずらりと展観されている。一番のお気に入りがボッチィチェリの「ビーナスの誕生」と「春」で、その迫力に圧倒された。

一九六五年、京都市はフィレンツェと友好提携を結び、交流を深めている。両市とも歴史都市の共通点が多い。市の中央を大きな川が流れ、美しい景観をつくっているが、街並みの美しさではイタリア側に軍配が上がるだろう。建物が統一され、その色調を同系統でまとめている。見習いたいところだが、もう遅いかもしれない。伝統を大事にし、職人技を高く評価するところも似ている。

橋上に宝飾店が立ち並ぶヴェッキオ橋

イタリア熱が高じて長期滞在を考えたが、イタリア語がマスターできず、結局は断念した。料理が美味で食べ過ぎて、大肥満になる心配もあった。しかし、イギリス映画の「眺めのいい部屋」に出てくる主人公と同様に、イタリアへの関心は高まるばかりである。

先ごろ、ダン・ブラウン原作の映画「インフェルノ」が公開された。フィレンツェが主な舞台なので名所の映像に懐かしさが込み上げた。

コラム

# 京都は恐ろしい魔界都市

平安京は誕生の時から不穏な空気に包まれていた。桓武天皇が長岡京から遷都した背景には恐ろしい事件が起きていたからだ。桓武天皇の実弟の早良《さわら》親王は藤原種継の暗殺事件の首謀者とみなされ、淡路島へ流罪の途中、無罪を訴えて食を絶ち自死した。これ以降、桓武天皇の周辺では不幸が続いた。早良親王の慰霊をするのが崇道神社だ。

京都には怨霊になった人物を祭る神社が多い。早良親王はじめ非業の死を遂げた人びとを鎮魂する上御霊神社と下御霊神社。北野天満宮は菅原道真の霊を祭る。陰陽ブームの安倍晴明には晴明神社。パワースポットとしても有名なのが鞍馬寺である。古くから京都では鬼や天狗が徘徊《はいかい》するといわれた。しかし、現代の魑魅魍魎の方がもっと恐ろしい。ご用心が肝要です。

# 長い歴史に裏打ちされた精神文化の発信を考えるべき時を迎えています

KBS京都
代表取締役会長
中澤隆司さん

――京都人について、他府県の人びとから「口と腹が違う」「表面がやさしくても、内面は意地悪だ」など厳しい評価を聞くことがあります。その原因は「京都人はイケズ」と思われているせいではないですか。

京都人のイケズは、他都市にはないユニークなものです。暮らしの中のスパイスのようなものです。イケズは決して性格が悪い結果ではなく、洗練されたセンスや価値観の表れというべきものでしょう。

京都は観光客にとっては、敷居の高い都市かもしれません。しかし、敷居は高い方がいいのです。「一見さんお断り」の発想と共通する「都市格」とでもいうべきものがあります。観光客は京都に来る時、くつろぎではなく襟を正すような緊張感を求めてはいませんか。確かに京都人は「イエス」「ノー」が分かりにくく、ファジーなところがあるようです。どこの都市にも、それぞれ独自の風習や文化があります。これを理解することが重要なのです。

――よく「関西はひとつ」といわれますが、いろんな事業への対応をみれば、現実には、なかなか「ひとつ」になれないですね。

その通りです。例えば、京都・大阪・神戸の三都市を比べてみれば、いずれも個性の強い都市であることが分かります。むしろ各都市を均一化すれば、それはマイナスの効果になるだけです。三都市が際立って異なることは素晴らしいことで、平均化すれば都市の魅力がなくなるでしょう。

――最近は京都への観光客が増加して、訪日外国人の京都への評価も高いようです。この現状をどう評価しますか。

最近の京都ブームは、何も突然やってきたものではありません。一九七〇年代には女性週刊誌の影響で、アンノン族といわれる若い女性たちが京都へ押し寄せました。一九七〇年から始まった旧国鉄のディスカバー・ジャパンのキャンペーンも京都ブームに拍車をかけました。その後に京都本のブームが続き、テレビでは京都を舞台にしたサスペンス・ドラマがたびたび放映されています。これが、京都観光への宣伝になっているといえるでしょう。

――京都観光の宣伝については、東京の出版社や放送局に依存して、地元の行政や観光業者による自前の取り組みがまだ足りないのではないですか。

京都では、観光客を迎えるためのインフラがまだ十分には整っていません。外国人向けの観光ガイドの養成、道路標識の整備、観光案内所の増設など、まだ対策は途中段階でしょう。最近になって、国や自治体が京都のコンテンツを海外へ発信しようという動きが出てきました。テレビの番組でもヨーロッパや南米の国などから、京都案内のものがほしいという要望が増えています。これは、嬉しいことです。今後、海外への情報発信を強化する必要があります。

――海外へ紹介すべき京都のよさは、どんなところにありますか。

京都が「宗教都市」であることを改めて考えています。イタリアでいえば、フィレンツェですかね。京都にある仏教や神道の文化財に関しては、ヨーロッパの人びとの関心が高いようです。これからの京都は、長い歴史に裏打ちされた精神文化の発信を考えるべき時を迎えています。もっと観光客に京都の精神文化を体験してもらうことが大事です。一部では既に始まっていますが、現状では、観光資源を消費しているだけという感じがします。

平安京遷都の際、桓武天皇は悪霊から町を守ることを考えて新しい都を造ったのでしょう。その意味で、霊を大切にした都づくりをしたのです。京都には不幸な形で亡くなった人たちを慰霊する神社がたくさんあります。例えば北野天満宮や御霊神社などで、街には霊が満ちあふれているといえるでしょう。祇園祭や五山の送り火も慰霊の意味があります。科学的ではないかもしれませんが、京都には他都市にない雰囲気が残っていて、生活の中に「霊の世界」があります。このことを観光客も感じているでしょう。

――最近は京都の異界、魔界をめぐるツアーが人気を集めているようです。

京都人は「鬼門」の考え方を重要視しています。比叡山が鬼門の方角に当たり、御所の「猿ケ辻」も鬼門にあるのです。驚いたのは、ある病院が院内の鬼門になる北東角を削っていたことです。今も鬼門は生きています。町中にお稲荷さんやお地蔵さんのお社があちこちにあり、屋根には鍾馗《しょうき》さんを置いて魔除けにしています。厄払いや慰霊をきちんとしているのが、京都人の特徴です。
京都は災害に強いといわれますが、過去の歴史をみれば必ずしも、そうとはいえません。鎌倉時代の『方丈記』を読めば、地震、疫病、突風、大火などの多かったことが分かります。だからこそ、厄除けの行事が盛んになったのでしょう。

——今後の京都観光はどうあるべきですか。

訪日外国人が多くなったのは、ネット社会でグローバル化が進み、観光情報の入手が簡単になったことによります。欧米の外国人観光客は日本や京都について、よく調べていますね。外国人は何を求めているのでしょうか。それは日本文化の精神性です。神道、禅、茶道などの精神文化を求めています。

京都はどこか、怪しげなところのある町です。同時に谷崎潤一郎の『陰翳《いんえい》礼賛』の世界が残っています。京都の魅力は控え目で、奥ゆかしいところにあるのです。ですから、観光客が増えたからといって有頂天になって自慢するのは、どうでしょうか。何ごとも控え目で泰然自若としているのが、京都らしさの表れでしょう。

---

**なかさわ りゅうじ**

1939年生まれ。京都大学卒。1964年、関西テレビ放送入社。取締役編成局長、専務取締役を歴任。2005年、京都放送代表取締役社長、2011年、同代表取締役会長。京都府国民保護協議会委員。京都スポーツの殿堂委員会委員。

**KBS京都**

京都市上京区烏丸通一条下ル

第十章

# 取材を終えて

# 取材を終えて

京都や滋賀の観光にかかわる各分野の方々四十人にインタビューをした。改めて観光は関連する裾野の広いことに気付き、観光産業の重要性を再認識した。多くの観光客が京都を訪れることは、市民の誇りでもあるだろう。

近年、京都への観光客は順調に伸び、二〇一三年からは年間五千五百万人を突破、観光消費額も二〇一五年は約九千七百億円で過去最高を記録している。これなら「京都の観光は万々歳」と評価する人がいるわけだ。しかし、都市の規模や受け入れ態勢を考えれば、京都は観光客で満杯状態ともいえる。今後は、観光と市民生活との調和が必要だ。観光客数の増加だけでなく、観光客の満足度を高めるべき、という声が多かった。

この点で、心配な現象も現れている。米国の著名な旅行雑誌『トラベル・アンド・レジャー』による世界人気観光都市ランキングでは、京都市が二〇一五年まで二年連続の一位に輝いていたが、二〇一六年は六位に転落した。原因は「有名な観光地の混雑」が嫌われたのではないかと推測される。京都市の観光調査（二〇一五年）では、外国人観光客の約九割が満足しているものの、「観光客が多すぎて楽しむことができなかった」と観光地の混雑を不満に挙げる声があった。日本人観光客も「ゆっくり見物できない」と混雑には不満のようだ。この不満を聞けば、京都は人気があるから問題ないと、のんきに構えているわけにはいかないだろう。現在、京都の観光は転換期を迎えているといえる。

観光の在り方をめぐっては、危機感や不安をもらす関係者がいた。その危惧は「本物の京都文化がきちんと維持、保存されているのか」という心配である。これは京都の観光問題を論じるうえで、重大な問題である。

観光ガイドや旅行会社などで、若い人たちが活躍している現状は心強い限りである。特に京都以外の出身者が伝統社会のなかで、伸び伸びと活動していることはうれしいことだ。この中に「京都は仕事がしやすいところです」という若手経営者もいた。伝統の重しがあるから「京都は商売が難しい」ととらえてきた筆者にとっては、驚きの意見だった。京都の社会構造も大きく変わっている。京都の町は、老舗を中心にした古い伝統社会と、外部の風を持ち込む若い世代が築く社会との二重構造になっている気がした。このように、京都人と他府県出身者との間で新しい協力関係が生まれている動きを歓迎したい。

取り上げなかった、いくつかの問題も残っている。町づくりや景観問題と観光との関係をどうするのか。また北陸新幹線の延伸とリニア中央新幹線のルート問題、文化庁の京都移転の影響などである。次の機会に追究することを期したい。個別の問題では、交通問題に言及する人が多かった。具体的な交通体系の改革が強く望まれている。

国は訪日外国人の目標を東京五輪のある二〇二〇年に四千万人と掲げる。二〇三〇年には六千万人にするという。どう考えても、誇大な数字ではないか。政府は観光産業の振興を日本の成長戦略と位置付けているようだ。しかし。現在以上に大量の外国人を誘致するには、受け入れ環境の整備を先決に考えるべきだろう。

京都にとっても、外国人観光客への対応を充実させる必要がある。リピーターや長期滞在者については、市民生活を紹介するコースや京都文化の体験ツアーなど多様な対応をとってもらいたい。幸い京都には伝統産業の集積がある。この伝統産業をもっと海外に知らせるべきだ。人気の高い和食づくりやお茶、お花のコースだけでは不十分だろう。

要は、京都文化の「光を観せる」ための仕掛けを各分野で数多くつくることが大切である。これが、伝統文化の保存や振興に結び付く道になるだろう。

## 参考文献


『おこしやすの観光戦略』山上徹　法律文化社　2001年
『観光の京都論』山上徹　学文社　2002年
『京都観光学』山上徹　法律文化社　2007年
『京都・観光文化への招待』井口貢・池上惇　ミネルヴァ書房　2012年
『創造都市のための観光振興』宗田好史　学芸出版社　2009年
『京都学を楽しむ』知恵の会　勉誠出版　2010年
『京都の「まち」の社会学』鯵坂学・小松秀雄　世界思想社　2008年
『梅棹忠夫の京都案内』梅棹忠夫　角川書店　1987年
『京都故事物語』奈良本辰也　河出書房　1967年
『京都百話』奈良本辰也　角川書店　1981年
『古往今来』司馬遼太郎　中央公論　1983年
『歴史と風土』司馬遼太郎　文芸春秋　1998年
『新・観光立国論』デービッド・アトキンソン　東洋経済新報社　2015年
『京都人だけが知っている』入江敦彦　洋泉社　2001年
『やっぱり京都人だけが知っている』入江敦　洋泉社　2002年
『ほんまに京都人だけが知っている』入江敦彦　洋泉社　2004年
『イケズの構造』入江敦彦　新潮社　2005年
『京都の平熱』鷲田清一　講談社　2007年
『京の路地裏』吉村公三郎　岩波書店　1992年
『京都人は日本一薄情か』倉部きよたか　文芸春秋　2005年
『おとしよりにやさしい京都観光』早川さくら・大塚伊奈利　ユニプラン　1998年
『「京都通」入門』グループ「旅の通」　PHP研究所　2005年
『極みの京都』柏井壽　光文社　2012年
『京都大不満』嵯峨徳子　実業之日本社　2007年
『古都旅情』瀬戸内寂聴　平凡社　1979年
『京の底力』市田ひろみ　文芸春秋　1994年
『八方美人で生きなはれ』市田ひろみ　講談社　1996年
『絆』市田ひろみ　同朋社　2001年

『京都人と大阪人と神戸人』丹波元　PHP研究所　2003年
『日本音楽のちから』現代邦楽研究社・西潟昭子　音楽之友社　2001年
『邦楽ってどんなもの』星野栄志　演劇出版社　2003年
『京のおんな』依田義賢　駸々堂出版　1971年
『京女』高取正男　中央公論社　1982年
『きれいの手口』内館牧子　潮出版社　2015年
『ないしょの京都奥の院へ』茂山絹世　世界文化社　2010年
『京のほそみち』白川淑　編集工房ノア　2013年
『京都ぶらり歴史探訪ウォーキング』京あゆみ研究会　メイツ出版　2016年
『ふだん着の京都』槇野修　PHP研究所　2009年
『すぐわかる寺院別障壁画の見かた』宮元健次　東京美術　2008年
『西陣』片方信也　つむぎ出版　2007年
『織ひとすじ千年の技』山口伊太郎・山口安次郎　祥伝社　2003年
『京都の三大祭』所功　角川書店　1996年
『魅惑の京都ふしぎ発見』蒲田春樹　PHP研究所　2015年
『京料理の品格』浅尾朋樹　角川学芸出版　2011年
『京都吉兆しごとの作法』徳岡邦夫　PHP研究所　2010年
『京都料亭の味わい方』村田吉弘　光文社　2004年
『祇園さゝ木の特等席』佐々木浩　洋泉社　2009年
『京料理の迷宮』柏井壽　光文社　2002年
『京舞妓歳時記』溝縁ひろし　東方出版　1995年
『京都の流儀』徳力龍之介　木楽舎　2014年
『石山寺の振興と歴史』鷲尾遍隆・綾村宏　思文閣出版　2008年
『西国三十三ヵ所巡礼』井上隆雄・田中智彦　新潮社　1988年
『西国観音霊場・新紀行』松本章男　大法輪閣　2004年
『宮司が語る京都の魅力』中川久公　PHP研究所　2010年
『竜馬がゆく』司馬遼太郎　文芸春秋　1985年
『坂本龍馬　人間の大きさ』童門冬二　三笠書房　1993年
『もっと知りたい坂本龍馬』木村幸比古・木村武仁　日本実業出版社　2003年
『坂本龍馬』松浦玲　岩波書店　2008年
『25通の手紙で読む龍馬の肉声』木村幸比古　祥伝社　2010年
『京都絵になる風景』吉田馨　ダイヤモンド・ビッグ社　2007年

『時代劇文化の発信地・京都』大石学・時代考証学会　サンライズ出版　2014年
『シネマの京都をたどる』蔵田敏明　淡交社　2007年
『京の和菓子』辻ミチ子　中央公論新社　2005年
『和菓子』中村肇　河出書房新社　2013年
『京都愛宕山と火伏せの祈り』八木透　昭和堂　2006年
『京のわる口』秦恒平　平凡社　2012年
『「京ことば」の人間関係学』大淵幸治　祥伝社　2000年
『京都文化ジン類学』大淵幸治　かもがわ出版　2005年
『ハダカの京都解体新書』大淵幸治　宮帯出版　2007年
『京の町家めぐり』蔵田敏明　淡交社　2001年
『京町家の春夏秋冬』小島富佐江　文英堂　1998年
『京町家・千年のあゆみ』高橋康夫　学芸出版社　2001年
『京町家づくり千年の知恵』山本茂　祥伝社　2003年
『現代にいきづく京の伝統野菜』菊池昌治　誠文堂新光社　2006年
『これからの観光戦略』日本都市センター　日本都市センター　2005年
『新ツーリズム学原論』ツーリズム学会編集委員会　東信堂　2006年
『新しい観光の時代』吉田春生　原書房　2010年
『観光ビジネスの新潮流』千葉千枝子　学芸出版社　2011年
『訪日観光の教科書』高井典子　創成社　2014年
『インバウンド戦略』中村好明　時事通信出版局　2014年
『観光立国革命』中村好明　カナリアコミュニケーションズ　2015年
『観光立国ニッポンの新戦略』鈴木勝　NCコミュニケーションズ　2015年
『フィレンツェ美術散歩』宮下孝晴　新潮社　1991年
『フィレンツェひとり歩き』佐藤幸三　平凡社　1997年
『図説ボッティチェリの都フィレンツェ』佐藤幸三　河出書房新社　1998年
『フィレンツェ旅の雑学ノート』山口俊明　ダイヤモンド社　2000年
『フィレンツェ』若桑みどり　講談社　2012年
『京都の魔界をゆく』編集工房か舎・菊池昌治　小学館　1999年
『京都異界案内』小松和彦　光文社　2002年
『京都異界の旅』志村有弘　勉誠出版　2007年
『京都魔界地図』綾辻行人・京都魔界倶楽部　PHP研究所　2009年
『あなたの知らない京都・異界完全ガイド』平川陽一　洋泉社　2012年

# あとがき

約十年ぶりに取材をした。実に面白い。「雀百まで踊りを忘れず」の感である。久しぶりの緊張感のためか、体調まで良くなった。人はいくつになっても、何かの「仕事」が必要だと痛感している。

古希を迎えて取材を思い立ったきっかけは、同年代の知人から「新しい仕事を始めた」「ボランティアに取り組んでいる」との年賀状をもらったことから。この知らせには驚いた。暗に「おまえは何をしている」とお叱りを受けたようだ。誰しも生かされている限り、社会のために働きたいと願うだろう。

そこで、書斎から古いペンを取り出し、取材七つ道具を持って、京の町へ飛び出したわけである。観光をテーマに選んだのは、京都観光の事情に詳しい人から「このままでは京都観光の将来は絶望的」と刺激的な話を聞いたことで、「自分の目で確かめよう」と考えた。

優しい京都人は何十年ぶりに会っても、すぐに旧交を温めることができた。初対面だった人たちも快く取材に応じてくださった。インタビューに協力してもらった四十人の皆さまにお礼を申し上げる。

多くの友人たちの激励のおかげで、本書を出版できた。とりわけ同志社中学や早稲田大学の同窓生の方々から支援や助言をいただいたのは、ありがたい限りだった。十年以上にわたって健康管理のご指導を受けてきた医師の出口雅子先生に、改めて感謝したい。

本書を次女真紀にささげる。長女香苗、長男健宏の必読書である。孫の涼平、泉、鴻佑、泰地、莞太には、大きくなったら読んでほしい。長年、わがままな夫を支えてくれた妻の冴子に、労をねぎらうところ大である。

二〇一七年一月

三好克之

**著者略歴**

三好克之　みよし　かつゆき

1947年、京都市生まれ。早稲田大学政経学部卒。1970年、京都新聞社に入社、両丹総局舞鶴支局をはじめ社会部、国際部などに勤務。企画報道部長、社会部長、大阪支社次長兼編集部長、編集局次長兼政経部長、論説委員を歴任。2007年、同社を定年退職。日本旅のペンクラブ会員。著書に『「いのち」を考える』『光明無尽—五十五人の宗教者』『京都市電物語』など。

京都観光—40人の提言

2017年2月25日　第1刷発行

編集　白川プロジェクト株式会社
デザイン　北尾崇（HON DESIGN）
印刷・製本　株式会社サンエムカラー

発行人　山岡景一郎
発行所　株式会社 白川書院
〒602-8011
京都市上京区烏丸通下立売上ル桜鶴円町375
電話　075-406-0011
FAX　075-406-0022
振替　01060-1-922
URL http://www.gekkan-kyoto.net/



ISBN978-4-7867-0076-7　C0095